V&R

EDITION **Leid**faden
Hrsg. von Monika Müller

Die Buchreihe *Edition Leidfaden* ist Teil des Programmschwerpunkts »Trauerbegleitung« bei Vandenhoeck & Ruprecht, in dessen Zentrum seit 2012 die Zeitschrift »Leidfaden – Fachmagazin für Krisen, Leid, Trauer« steht. Die Edition bietet Grundlagen zu wichtigen Einzelthemen und Fragestellungen im (semi-)professionellen Umgang mit Trauernden.

Alfried Längle / Dorothee Bürgi

Wenn das Leben pflügt

Krise und Leid
als existentielle Herausforderung

Mit einem Vorwort von Michael Köhlmeier

Vandenhoeck & Ruprecht

Mit 5 Abbildungen und 10 Tabellen

Bibliografische Information der Deutschen Nationalbibliothek

Die Deutsche Nationalbibliothek verzeichnet diese Publikation in der
Deutschen Nationalbibliografie; detaillierte bibliografische Daten sind
im Internet über http://dnb.d-nb.de abrufbar.

ISBN 978-3-525-40259-7

Weitere Ausgaben und Online-Angebote sind erhältlich unter: www.v-r.de

Umschlagabbildung: Armin Staudt-Berlin/photocase.de

© 2016, Vandenhoeck & Ruprecht GmbH & Co. KG,
Theaterstraße 13, D-37073 Göttingen/
Vandenhoeck & Ruprecht LLC, Bristol, CT, U.S.A.
www.v-r.de
Alle Rechte vorbehalten. Das Werk und seine Teile sind urheberrechtlich
geschützt. Jede Verwertung in anderen als den gesetzlich zugelassenen
Fällen bedarf der vorherigen schriftlichen Einwilligung des Verlages.
Printed in Germany.

Satz: SchwabScantechnik, Göttingen
Druck und Bindung: ⊕ Hubert & Co GmbH & Co. KG,
Robert-Bosch-Breite 6, D-37079 Göttingen

Gedruckt auf alterungsbeständigem Papier.

Inhalt

Der dunkle Freund – Vorwort von Michael Köhlmeier 7

Einleitung 9
Zentrale Gedanken zum Thema 9
Impuls zum Einstieg in das Thema 11

1 Grundlagen der existentiellen Begleitung 12
Vita bona et beata 12
   Sinnfindung 13
   Zustimmung zum Leben 15
Die Existentielle Praxis 26
   Der Blick auf Lebensrelevantes 26
   Die dialogische Grundhaltung 28

2 Warum Menschen leiden 32
Leiden – einen Weg gehen 32
Formen des Leidens 34
   Zwei Leidensgeschichten 35
Das Wesen des Leidens 37
Die Grundbedingungen der Existenz 40
   In der Welt sein können 42
   Das Leben mögen 43
   Selbst-sein-Dürfen 43
   Sinnvoll leben 44

Leiden – gefühlter Existenzverlust 45
Leiden und Verzweiflung 48

**3 Die personal-existentiellen Grundmotivationen
in der Begleitung** 53

Grundlagen der Leidbewältigung 53
Modell zur schrittweisen Leidbewältigung 55
    Leiden heißt aushalten und annehmen können 55
    Leiden heißt trauern können 63
    Leiden heißt bereuen können 77
    Leiden heißt sich abstimmen mit dem größeren
    Zusammenhang 92
    Sinnsuche in der Ausweglosigkeit 95
    Übersicht und Zusammenfassung 102

4 Hoffen – eine vergessene Kunst? 104

Hoffnung – die Beziehung zum Leben halten 104
    Beseelt von Hoffnung 106
    Hoffnung nüchtern betrachtet 106
    Hoffnung als Beziehungsthema 108
    Hoffnung in der Untätigkeit 108
    Hoffnung im großen Kontext 109
    Hoffnung und Resilienz 110
    Problem mit der »falschen« Hoffnung 111
    Dum spiro, spero 112
    Fazit 113

Innerlich bei sich ankommen 114

Das existentielle Menschenbild 116

Literatur 119

Literatur für die Beratungspraxis 122

Der dunkle Freund – Vorwort

Irgendwann wurde aus der Trauer ein dunkler Freund. Der ist immer da. Ich spüre ihn auch neben Monika, meiner Frau. Er begleitet sie, wenn sie jeden Tag auf den Schlossberg geht. Das tut sie seit fünfundzwanzig Jahren. Und als unsere Tochter Paula von diesem Berg gefallen ist, da hat Monika ihre Wanderung nicht unterbrochen. Nun geht sie jeden Tag unweit der Stelle vorbei, an der das Unglück geschah.

Irgendwann war der dunkle Freund da. Er brachte Linderung. Ich glaube, es war so um ein Jahr nach dem Unfall. Bis dahin konnten wir keine Musik hören. Wir haben immer Musik gehört. Unser Haus riecht gut und immer erklingt in unserem Haus Musik, oft waren es verschiedene Musiken, die Musik von Lorenz, von Oliver, von Undine und die Musik von Paula. Ein Jahr lang war sie uns unerträglich. Es war schwierig, im Sommer durch eine Stadt zu gehen. Da saßen Peruaner in der Fußgängerzone und spielten auf ihren Flöten – es war, als rissen mir die Töne das Herz heraus. Ich musste laufen, laufen, bis ich nichts mehr hörte. In fremden Räumen konnte ich mich nur mit strenger Disziplin aufhalten, ich fürchtete zu ersticken. Viel gehen musste ich, manchmal bis zu sechs Stunden am Tag. Anfangs ertrug ich niemanden neben mir. Monika wollte auch nicht, dass ich mit ihr über den Schlossberg ging, und ich wollte nicht, dass sie mich entlang des Alten Rheins begleitete. Erst wollten wir immer allein sein, dann wollten wir immer zusammen sein. Ich war im Zug auf dem Weg zu einer Lesung, da habe ich beim

Veranstalter angerufen und ihm irgendetwas vorgelogen und bin zurück nach Hause gefahren.

Und dann ist der dunkle Freund gekommen. Man darf nicht wünschen, dass sich die Trauer aus dem Leben verflüchtigt. Das denken sich die anderen. Sie meinen es gut und denken, wir wünschen ihnen, dass die Trauer endlich vergeht. Ich wäre unglücklich, wenn mich der dunkle Freund verließe. Und ich weiß, Monika wäre auch unglücklich. Das Trauerleben ist unser Leben und es wird es bleiben bis zum Ende.

Der dunkle Freund hat mir manche Angst genommen. Dass ich sterben werde, ist kein nur theoretischer Gedanke mehr. Mit Erschütterung denke ich an »Die Buddenbrooks«, wo Thomas Mann vom Tod der Patriarchin erzählt, von ihrem letzten neidischen, beinahe bösen Blick auf die Lebenden. Da war eine scharfe Trennung: die einen und die anderen. Entweder du lebst, oder du bist tot. In ihrem letzten Blick war sie eine lebende Tote. Immer dachte ich, dieser Zustand, dieser Seinszustand, muss der entsetzlichste sein. Ich wünschte mir einen plötzlichen Tod. Schon wollte ich schreiben: einen *unverhofften Tod*. Schreckte zurück: als ob der Tod je ein verhoffter, ein gehoffter sein könnte. Der dunkle Freund sagt: Ja, so ein Tod ist möglich.

Der dunkle Freund nimmt mich manchmal in den Arm, wenn die Erinnerung droht. Er macht die Erinnerung an den unglücklichsten Tag in unsrem Leben nicht blasser, er sagt nur: Denk nicht daran, denke daran, aber denk *jetzt* nicht daran, denk morgen daran, nur *jetzt* denk nicht daran. Woran soll ich denken?, frage ich. Denk an deinen Tod, antwortet er. – Das ist ein guter Rat.

Michael Köhlmeier

Einleitung

Zentrale Gedanken zum Thema

Dieses Buch basiert auf den Grundlagen der Existenzanalyse, einer Psychotherapierichtung, die den Menschen in seinem geistigen und emotionalen Erleben unterstützt, zu eigenständigen, freien (authentischen) Stellungnahmen und zu einem eigenverantwortlichen Umgang mit sich und der Welt gelangen zu können (vgl. Längle, 2013b). Die Existenzanalyse hat einen Schwerpunkt in der Anthropologie und in der Frage, wie der Mensch mit seinen Möglichkeiten und Bedingungen in der Welt, in seiner Wirklichkeit, Mensch sein und sein Leben authentisch und wahrhaftig vollziehen kann. Mit diesem Anliegen hat die Existenzanalyse engen Bezug zur Philosophie, einer ihrer Quellen, aus der sie ursprünglich entstanden ist. Kommt sie in der praktischen Begleitung von Menschen in Leid und Krise zum Einsatz, ist sie geleitet von der Frage, wie Menschen (wieder) zu einem erfüllenden Leben kommen können.

Leiden entsteht, wenn der Mensch mit Zerstörung konfrontiert ist. Im Lichte einer existentiellen Erhellung findet sich, dass er dann leidet, wenn ein Wert, oder allgemeiner, wenn die Bedingungen für ein gutes Leben verloren gehen. Leiden und Schmerz stellen das Leben ganz oder teilweise in Frage; sie bedrohen die Liebe zum Leben. Dabei können Menschen nicht nur in unterschiedlicher Art, sondern auch an unzähligen Themen und Inhalten leiden. Leiden ist vielfältig im Wie und im Woran. Das

Beleuchten seiner Themen macht das Leiden verständlicher und das Kennen seiner Inhalte schafft einen existentiellen Zugang zum Umgang mit Leid.

Leiden bringt Menschen in Grenzsituationen, in Bereiche des Lebens, in denen es darum geht, sich innerlich aufrecht halten zu können. Deshalb steht Leiden in engem Zusammenhang mit der Sinnfrage. Die existentielle Perspektive lässt den transzendentalen Bezug des Sinns offen und leitet die psychologische Sinnfrage (den existentiellen Sinn) aus der Anthropologie und der Struktur der Existenz ab. So werden die psychologischen Strebungen und Veranlagungen als Hintergrundfolie für die Sinnsuche angesehen: das dem Menschen zutiefst eigene Verstehenwollen seiner Situation und ihrer Entwicklung, die Suche nach den umfassenderen, größeren Zusammenhängen, in denen sein Leben steht, und die Auseinandersetzung mit dem unablässigen Werdenscharakter der Existenz.

In diesem Buch werden neben den theoretischen Grundlagen auch Impulse und Anleitungen zur Praxis der Begleitung von Menschen in Krise, Leid und Trauer vorgestellt. Ziel der existentiellen Begleitung ist das gemeinsame Aufsuchen von Entwicklungs- und Werdenspotentialen und die Einbettung in bzw. das Schaffen von lebensbejahenden Kontexten. So kann aus einem anfänglichen »Trotzdem«, das vor der unmittelbaren Bedrängnis des Leides ersten Schutz und etwas Spielraum verschafft, mitunter selbst im Leid ein »Deshalb« entstehen, ein Integrieren des Leides in den größeren Wert des Lebens. Vertrauen in das Sein, die Beziehung zum Leben, die Treue zu sich selbst und ein Gefühl für den »Sinn des Ganzen« sind die Grundlagen erfüllter Existenz – und bilden so Zugänge für Heilung in einem existentiellen Sinn.

Impuls zum Einstieg in das Thema

Jeder Mensch lebt, lebt sein Leben. Schlecht und recht. Und das hängt sehr damit zusammen, womit er befasst ist in seinem Leben. Wenn wir uns das konkret fragen, existenziell fragen, hieße das zum Beispiel: An was bin ich dran mit meinem Leben? – Aber nicht nur ich befasse mich mit meinem Leben – das Leben beschäftigt auch mich: Womit beschäftigt mich mein Leben? – Aus beidem: Aus dem, womit ich mich befasse und was mir wichtig ist, und aus dem, was mir das Leben vorgibt und mich bedrängt, beglückt, beschenkt, verletzt, ergibt sich die Summe: Was macht mein Leben derzeit aus? Habe ich dazu eine Ahnung, ein Gefühl, ein klares Wissen, eine Stellungnahme?

Michael Köhlmeier hat in seinem Vorwort zu diesem Buch diese beiden Aspekte sehr verdichtet und aus der Lebenserfahrung gezeigt, wie sie in einandergreifen, wie wir in einem ständigen Dialog stehen mit dem, was das Leben uns einerseits gibt und abverlangt, und dem inneren Mit-sich-selbst-Können andererseits, um so unser Leben in eine wirkliche Existenz zu bringen.

1 Grundlagen der existentiellen Begleitung

Vita bona et beata

Vita bona et beata[1] ist seit den Anfängen der Philosophie ein Grundthema und stellt uns vor die Fragen: Was ist Leben – wer ist der Mensch – wozu sind wir da – wie soll ich leben, um zu einem guten Leben zu kommen? Selbst uns als vernunftbegabten Wesen und ausgestattet mit den Fähigkeiten, uns über den unmittelbaren Rahmen der Gegebenheiten zu erheben und uns in einen größeren Horizont zu stellen, erschließt sich die Frage nach dem guten Leben nicht von selbst. Wir müssen darüber nachdenken – und selbst wenn es uns gut geht, sind die Rahmenbedingungen für ein solches gutes Leben nicht einfach klar. Umso schwieriger kann sich dieses Nachdenken gestalten, wenn es uns nicht gut geht, wenn wir mit Leid und Verlusten konfrontiert sind, wenn Krisen und Schmerz uns diese Fragen nicht im geschützten Rahmen eines philosophischen Nachdenkens stellen, sondern in unmittelbarer Betroffenheit und im praktischen Lebensbezug: Wozu leben mit diesem Schicksal – was lohnt sich noch nach diesem Verlust – kann aus meinem Leben noch etwas Gutes werden?

In der Tradition der Existenzphilosophie[2] (vgl. u. a. Scheler, Jaspers, Heidegger, Merleau-Ponty, Sartre, Arendt, Nietzsche,

---

1 Ein gutes und glückliches Leben.
2 Für die heutige Existenzanalyse als einer psychotherapeutischen Anwendung der Existenzphilosophie sind folgende existenzphilosophische Prämissen leitend:

Kierkegaard) wird das Charakteristikum des Menschseins darin gesehen, dass er als Subjekt eingebettet ist in einer Welt, die ihm das Andere darstellt, das zu einem (zu ihm also) untrennbar gehört. Das ist der Grundgedanke des existentiellen Denkens – Dasein ist geprägt vom dialogischen Wechselverhältnis des Menschen mit »seiner Welt« (Längle, 2008). Was aber, wenn dieses Gefühl des Eingebettetseins durch ein Wegbrechen von Tragendem und Umfassenden verloren geht? Dann drängen sich ihm existentielle Fragen auf: Kann ich nach diesem Verlust überhaupt noch sein – hat mein Leben mit dieser Krankheit noch einen Wert – bin ich mit meinen Verletzungen und meiner Versehrtheit noch ich, ist das noch *mein* Leben – wo braucht mich dieses Leben noch – braucht es mich überhaupt noch? Mit solchen Fragen sind wir in der Begleitung von Menschen in Krise und Leid konfrontiert: Wie kann Leben wieder gelingen – wie können sich Menschen nach Schicksalsschlägen mit dem Leben wieder versöhnen – kann daraus wieder eine *vita bona et beata* werden?

Sinnfindung
Viktor Frankl (1905–1997), der Begründer der Logotherapie, hat die Grundlagen für das heutige Verständnis der Existenzanalyse (Längle, 2000a) geschaffen. Frankl als Pionier des existentiellen Denkens in der Psychologie war im damaligen Zeitgeist der Psychoanalyse weniger an der Analyse der Psychodynamik interessiert als mehr an der Analyse des *Fluchtpunktes der Existenz* – der Analyse der Sinnfindung in der Existenz. Beidem ging er nach,

---

»a) Die Zentrierung auf die Einmaligkeit des Subjekts und seine Seinsweisen, wobei dieses welthaft ist, d. h. auch durch die Anderen mitkonstituiert wird. b) Der Erlebnischarakter des Verhältnisses zu sich und zu den Anderen: die Betroffenheit und die subjektive Beteiligung, die Teilnahme und die Verantwortung. c) Die Zeitlichkeit und Endlichkeit. d) Die Dimension des Dialogs mit sich selbst und mit dem Anderen [...] als Konstitutivum des Subjekts. e) Existenz als Aufgabe« (Lleras, 2012, S. 22).

der Theorie, indem er den Schwerpunkt in die Anthropologie setzte, und der Praxis, indem er Wege für die Suche nach Sinn beschrieb: Was ist in diesem Leben, in diesem Kontext lebensrelevant – wie kann ein Leben auch unter leidvollen Umständen zum Gelingen und zur Entfaltung kommen? Wie lassen sich die philosophisch-theoretischen Vorüberlegungen herunterbrechen auf die konkrete Wirklichkeit eines Menschen im Hier und Heute?

Das Problem des Menschen insbesondere im Leiden ist, dass er sein Leiden verstehen will. Darum ist Leiden mit der Sinnfrage verbunden. Man will wissen, spüren, wozu das Leiden gut sein soll. Auch das Leiden ist, wie alles Leben, eingebettet in dem größeren Rahmen der Existenz. Diesen will der Mensch verstehen. Er will erkennen, worum es geht (Frankl, 1983). Frankl hatte erfahren, dass Sinn nicht nur Lebensqualität, sondern Über-Lebensqualität hat (Frankl, 1946). Er verwies gern auf Nietzsche in diesem Zusammenhang, der einmal sagte (in Frankls Formulierung, 1983): »Wer ein Warum zum Leben hat, erträgt fast jedes Wie.« Nietzsche weist damit genau auf das hin, was auch für Frankl theoretisch und in der Extremsituation des Konzentrationslagers praktisch wichtig war: Ohne Sinn kann der Mensch die schwierigen Situationen des Lebens nicht aushalten. In der Tiefe geht es dabei darum, die Beziehung zum Leben in den schweren Umständen zu halten. Das ist tiefer Sinn – dem Leben treu zu bleiben, seine Tiefe zu spüren und sich selbst darin entschieden einzurichten.

Auf dieser Basis kann dann auch in der Welt »draußen« etwas möglich werden, von dem man vorher nichts geahnt hat. Der Mensch soll die leidvollen Situationen nicht einfach passiv hinnehmen, sondern sie als Gelegenheit sehen, an ihnen trotz allen Leidens zu wachsen, zu reifen und das Menschenmögliche tun. Das ist oft nicht mehr und nicht weniger, als diese Haltung zum Leben zu leben und das Schicksal zu tragen, es auf sich zu nehmen in der tiefen Verbundenheit mit dem Wert des Lebens selbst

(Längle, 2007). Diese Fähigkeit des Menschen, einem Schicksal, einem Leiden, einem Schmerz haltungsmäßig etwas entgegenzustellen, ist die Grundlage für das Opponierenkönnen des Menschen, was nach Scheler (2008) das spezifisch Menschliche kennzeichnet und bei Frankl (1990) zur Formulierung der »Trotzmacht des Geistes« führt.

Zustimmung zum Leben
Auch wenn die Fähigkeit zum »Trotzdem« und Frankls Grundlagen zur Sinnfindung im psychologisch-psychotherapeutischen Kontext nach wie vor bedeutsam sind[3], stehen die Inhalte dieses Buches in der Linie der Weiterentwicklung der Existenzanalyse. Die moderne Existenzanalyse geht von einem integrativen Blick auf das Leben aus. Im Vordergrund steht nicht das »Trotzdem«, die Abgrenzung, sondern das »Ja« zum Leben, die Zustimmung, das Sicheinlassen. Das hat große praktische Folgen, etwa wenn man mit einem Schicksal ringt: Wie kann es gelingen *mit* der Diagnose, *mit* dem Verlust, *mit* dem Defizit zu leben? Wie gelangt der Mensch unter solchen Bedingungen zu einer inneren Zustimmung zu seinem Leben? Darin besteht der Kern der heutigen Existenzanalyse: Wie kommen Menschen zu einem beziehungsvollen, die unterschiedlichen Kräfte integrierenden Zusammenleben, zu einem Umgang mit sich und den Umständen, in denen sie sich befinden? Gleichsam im Gegensatz zu Max Schelers Bezeichnung des Geistes als »Nein-Sager« wird hier der mensch-

---

3 Frankls Logotherapie mit der zentralen Motivationskraft des Strebens nach Sinn (Frankl bezeichnete sie als den »Willen zum Sinn«) ist heute noch die Grundlage für die Sinnfindung. Historisch bedeutsam und als Verdienst Frankls anzusehen ist es, dass er zu einer Entflechtung der Sinnfrage von der Gottesfrage beigetragen hat. Insbesondere hat er das Sinnthema durch eine psychologische Wendung der Frage zum Menschen hin von der Theodizeefrage ein Stück weit lösen können. Damit kann Sinn heute auch psychologisch bearbeitet und Thema in Therapie und Beratung werden.

liche Geist, die Tiefe der Person, als *Ja-Sager* angesehen. Will der Mensch sein Leben »zu seinem« machen, ist eine persönliche Zustimmung, ein gefühltes inneres Ja unerlässlich (Längle, 2008).

Die Beziehung zwischen Logotherapie und Existenzanalyse

Diese paradigmatische Weiterentwicklung der Logotherapie führte zu einer anderen Bezeichnung und zum heutigen Verständnis der Existenzanalyse: Logotherapie ist weiterhin die Bezeichnung für die Sinnthematik und das »Trotzdem ja zum Leben«. Existenzanalyse fokussiert auf das »Ja zum Leben«. Wo immer es möglich ist, soll eine Zustimmung zum Leben versucht werden; manchmal ist die Distanznahme, das »Trotzdem« wichtig, weil man nur mit Abgrenzung überleben kann. Doch soll dies möglichst die Ausnahme sein und die Bejahung und Integration des Erlebten im Vordergrund stehen.

Daher kann man sagen: Das Ziel der Logotherapie ist die *Sinnfindung;* das Ziel der Existenzanalyse ist breiter gefasst: Es ist die *Erfüllung* im Leben. Bei Erfüllung spielt Sinn eine Rolle, aber nicht die einzige. Erfüllt ist der Mensch, wenn er den Bedingungen der Existenz zustimmen kann. Dieses Ja, die innere Zustimmung zum Leben, steht in der Existenzanalyse in einem vierfachen Horizont (Längle, 2008):

1. die Zustimmung zur Welt und ihren Bedingungen,
2. die Zustimmung zum Leben,
3. die Zustimmung zum eigenen So-Sein (zur Person),
4. die Zustimmung zum Werden (zu Veränderung, Tat und Sinn).

»Zustimmung ist ein Akt der Bejahung von Leben« (Längle, 2008, S. 106). Sie soll jedoch nicht verwechselt werden mit einem logisch abgeleiteten, aus Vernunftsgründen gegebenen Ja. Um zu einem *empfundenen, gefühlten* Ja zu gelangen, das stimmig mit der Person und der Situation ist, spielt die Emotionalität eine wichtige Rolle. Denn was existentiell bedeutsam ist, muss auch emotional erfasst und im persönlichen Lebensentwurf eingewoben sein (Längle, 2003).

In der Existenzanalyse wird vor allem phänomenologisch gearbeitet, das heißt, sein eigenes Erleben wird als Quelle der Erkenntnis genommen, ohne es mit Fremdwissen (Diagnosen, Theorien, Erfahrungen) zu vermengen. Ausgangspunkt ist der Mensch selbst und das ihn persönlich betreffende Thema – ein Leiden, eine Krise, eine Schwäche, ein belastendes Ereignis. Es interessiert, wie es ihn betrifft, wie er damit umgeht, was ihn belastet, was er kann. Der Blick wird also auf den Menschen »in seiner Welt« gelenkt: Wer ist dieser Mensch in seinen Bezügen? Wie erlebt er die Situation? Erst zu einem späteren Zeitpunkt des Gesprächs, nach der primär phänomenologischen Vorgangsweise, werden im Bedarfsfall in der existentiellen Begleitung Erklärungen versucht und angeboten oder Wissen durch den Begleiter[4] vermittelt. Zunächst aber geht es nur um das Verstehen der Situation und das Erhellen des subjektiven, persönlichen Erlebens im Rahmen der Bedingungen, unter denen dieser Mensch steht. Es interessiert: Wie kann dieses Leben unter den aktuellen Umständen gelebt werden – welche Existenzmöglichkeiten stehen dem Leidenden offen, welche sind verschüttet – in welchen Lebensbereichen ist eine Zustimmung möglich – wo ist sie aktuell nicht möglich? Dieser erlebnis- und beziehungsoffene Zugang integriert – im Unterschied zu Frankls eher rationaler Betonung des Sinnverständnisses (er arbeitete vor allem mit Argumenten) – die *ganze Person* in all ihren Existenzbezügen.

In knapper Form könnte man sagen: Die Logotherapie ist sinnzentriert, die Existenzanalyse ist personzentriert.

---

4 Wegen stilistischer Klarheit und leichterer Lesbarkeit wird auf die sprachliche Verwendung der weiblichen Form verzichtet. Die Verwendung der männlichen Form gilt für Frauen und Männer gleichermaßen.

Vier Leidensgeschichten

Sinnfragen sind oft mit anderen Fragen der Existenz verbunden, die nicht direkt mit der Sinnfrage in Zusammenhang stehen. Diese Defizite können die Sinnfrage aufwerfen, ohne aber von ihr auszugehen. Das heißt, die Aufmerksamkeit in der existentiellen Begleitung liegt nicht primär bei der Hilfestellung zur Sinnsuche, sondern im Entwickeln der *Voraussetzungen* für ein (sinn-)erfülltes Leben. Das von Viktor Frankl für die Existenz zentrale Sinntheorem (Längle, 2000a) wird in der Existenzanalyse als *Ergebnis* ganzheitlicher Zustimmung verstanden. Darum müssen einer umfassenden Sinnfindung *personale Prozesse* zeitlich vorangehen. In einer existentiellen Begleitung steht also nicht die Sinnfindung (wie in der Logotherapie) im Vordergrund, sondern die Zustimmung zum Leben. Da diese Vorgangsweise der natürlichen Abfolge innerer Verarbeitung nahekommt, erleichtert es die Gesprächsführung.

Tabelle 1: Zustimmung zum Leben steht in einem vierfachen Horizont und braucht personale Aktivitäten

Zustimmung	braucht (personaler Prozess)
1. zur Welt und ihren Bedingungen	Akzeptanz der Bedingungen
2. zum Leben	Zuwendung zu den Werten
3. zum eigenen So-Sein (zur Person)	Achtung der (eigenen) Person
4. zum Werden (zu Veränderung, Tat und Sinn)	Einverständnis zur situativen Anfrage/Herausforderung

1. Die Zustimmung zur Welt und ihren Bedingungen
Eine 45-jährige Frau, die vor zwei Jahren ihren Ehemann durch einen Autounfall verloren hat, kommt in die Beratung mit »der festen Entschlossenheit, an diesem Verlust spirituell zu wachsen. Nur darin kann ich in meinem Leben, wie es jetzt ist, noch einen Sinn sehen.« So ihre Worte. Seit dem Tod ihres Partners liest sie Bücher über Spiritualität, besucht Trauerseminare und nimmt sich an Wochenenden regelmäßig Auszeiten, die sie in einem Kloster

verbringt. Trotz ihrer Bemühungen kommt sie aber nicht zur Ruhe und leidet unter dem Gefühl, »immer weniger Vertrauen ins Leben zu haben«. Entgegen der Erwartung, im Spirituellen Frieden und Geborgenheit zu finden, sei sie viel ängstlicher als vor dem Tod ihres Mannes. Schon die kleinste Unsicherheit könne ihr regelrecht den Boden unter den Füßen wegziehen – ein Gefühl, das sie seit dem Verlust ihres Mannes nicht mehr losgeworden sei. Die Hoffnung, dem Erlebten den Sinn des spirituellen Wachstums abzugewinnen, habe sie inzwischen auch verloren. »Was kann jetzt meinem Leben noch Sinn geben?«

Aus einer existentiellen Perspektive stellt sich die Frage, ob die existentiellen Grundlagen gegeben sind oder ob sie sich mit dieser Sinnzuschreibung und der damit sich aufgegebenen Aufgabe überfordert. Welche existentiellen Voraussetzungen wie zum Beispiel Halt, Beziehung, Dialog mit sich selbst oder Sinn braucht sie, damit sie sich getragen fühlt in dieser Welt und das Empfinden entwickelt, dass sie inneren und äußeren Boden hat (um sich auf eine spirituelle Tiefe einzulassen)? Wie kann sie wieder Vertrauen ins Leben fassen – denn Vertrauen ist die Grundhaltung, um den Unsicherheiten und Abgründen des Lebens begegnen zu können. Kann sie ihre neue Lebenssituation überhaupt annehmen? Wie sehr ist das schon gelungen? Es könnte sein, dass ihr die Zuwendung zum Spirituellen nicht den Halt in der Welt gibt, den sie jetzt braucht.

Existentiell stellt sich die Frage: *Wie sehr kann sie zur Welt und ihren Bedingungen zustimmen* und sie zu ihrer Wirklichkeit machen? Denn Sinn in einem existentiellen Verständnis (in diesem Fall das spirituelle Wachstum) muss am Faktischen ansetzen. Was ein Sinn ist, muss realisierbar sein auf dem Boden der Tatsachen und der persönlichen Umstände. Fehlt es fundamental am Daseinkönnen in der Welt, ist jeder (gedanklich gemachte) Sinn mehr eine Erwartung als eine Wahrnehmung der Situation und daher schnell eine Überforderung.

2. Die Zustimmung zum Leben

Diese Geschichte erzählt von der Lebenswende einer 82-jährigen Frau, die seit ihrer Hochzeit vor fünfzig Jahren ein großes Haus am Stadtrand bewohnt. Ihr Mann ist schon vor zwanzig Jahren verstorben. Als er noch lebte, hatten sie oft Gäste und auch große Einladungen. Nach dem Tod ihres Mannes wurde es zwar ruhiger im Haus, aber die häufigen Besuche ihrer Kinder, die Enkel, die oft übernachteten und auch die Ferien bei ihr verbrachten, haben die anfängliche Leere überwinden lassen. Auch Nachbarn und Freunde der Kinder waren stets willkommen und bald schon kehrte wieder ihr gewohnter und geliebter Lebensstil ein – Besuche, Einladungen, Gesellschaft. Mit den Jahren strengte sie das Führen des großen Haushaltes zunehmend an und wurde – nachdem sie auf der Treppe gestürzt war und sich dabei den Schenkelhals gebrochen hatte – unmöglich. Nach dem Krankenhausaufenthalt konnte sie zwar wieder nach Hause zurückkehren, aber das Haus war eine Belastung, der sie ohne fremde Hilfe nicht mehr gewachsen war.

Zeit ihres Lebens verbrachte sie fast jede freie Minute in ihrem Garten. Seit dem Sturz besorgt ein Nachbar das Nötigste, doch von ihrem einst wunderbaren Blumenanwesen ist nicht mehr viel zu sehen. Zunehmend werden Haus und Garten eine nicht mehr zu bewältigende Überforderung, so dass sie sich schließlich schweren Herzens dazu entschließt, ins Altersheim überzusiedeln. Dort bewohnt sie nun nur zwei Zimmer, eingerichtet mit ihren liebsten Dingen – doch vieles musste sie im Haus zurücklassen. Nach ihrem Umzug hat die Tochter mit ihrer Familie das Haus übernommen, was ihr immerhin die Möglichkeit gibt, hin und wieder »nach Hause« zu gehen. Oft sagt sie: »Es waren wunderschöne Zeiten in diesem Haus – ich vermisse sie sehr.«

Auf die Frage, wie es ihr in der neuen Umgebung geht, reagiert sie aber überraschend positiv: Erst der Umzug habe ihr gezeigt, wie viele andere Dinge in ihrem Leben bisher keinen Platz hatten. Kleinere spontane Ausflüge in die Umgebung, ein Mittagessen im Restaurant, Einladungen der Kinder, die Sorglosigkeit: »Ich kann einfach den Zimmerschlüssel umdrehen und muss mich um nichts kümmern. Es hat zwar Zeit gebraucht, bis ich die Vorteile meines neuen Lebens schätzen konnte, und doch würde ich nicht mehr tauschen wollen.«

Nicht immer gelingt eine solch einschneidende Lebensveränderung wie bei dieser Frau. In vielen Fällen können ungewollte Umstände, eine Krankheit oder der Verlust der vertrauten Lebensweise existentielle Fragen aufwerfen: Gibt es in meinem Leben noch genügend Wertvolles? Mag ich mich diesen Veränderungen zuwenden? Ist ein Leben im Altersheim überhaupt lebenswert? Kann ich mich ohne meinen geliebten Garten noch freuen? Mag ich mein Leben so noch? Was macht mein Leben jetzt noch sinnvoll? Basal betrachtet geht es um die Frage: *Gelingt die Zustimmung zum Leben?* Erfüllt kann das Leben nur sein, wenn Menschen genügend Wertvolles *er*leben. Dazu braucht es eine emotionale Verbundenheit zum Wert der Sache – in der Beziehungslosigkeit kann kein Werteerleben stattfinden. Ohne emotionale Beteiligung kann auch nicht von Sinn gesprochen werden. Solange uns etwas kalt lässt oder gleichgültig ist, kann es nicht als sinnvoll erlebt werden. Gelingt es aber, wie diese Geschichte zeigt, sich auch unter neuen (Lebens-)Bedingungen dem potentiell Wertvollen zuzuwenden, den Wert zu fühlen, die Verbundenheit zu spüren, kann Leben erfüllt sein – auch ohne es explizit mit Sinn zu bezeichnen, denn wer im Sinn steht, fragt nicht nach Sinn (Frankl, 1982; Längle, 2007).

3. Die Zustimmung zum eigenen So-Sein (zur Person)

Dieser Bericht aus der Begleitungspraxis beschreibt die Situation eines 45-jährigen Mannes. Er ist verheiratet und hat drei Töchter. Vor vier Wochen starb die älteste Tochter 19-jährig an einer akuten Leukämie. Ohne vorgängig an erkennbaren Symptomen zu leiden, brach sie beim Sport zusammen und starb wenige Stunden später im Krankenhaus. Seither steht in seinem Leben kein Stein mehr auf dem anderen. Die vielen Aufgaben rund um die Beerdigung haben ihm zwar fast das Letzte abverlangt, aber etwas tun zu können habe ihm Kraft gegeben, den Schock irgendwie zu überstehen. Die Pflichten halfen – wie er es nannte »paradoxerweise« – beim Funktionieren und Überleben in dieser unfasslichen Situation. Mit den Fakten komme er zurecht – mit dem Verlust überhaupt nicht, aber irgendwie müsse es doch weitergehen, meinte er.

Seit der Beerdigung arbeitet er mehr noch als bisher und ist oft bis spät in der Nacht in seiner Werkstatt. Am Wochenende ist er seiner Frau zuliebe zu Hause, aber wie er offen sagt, fühle er sich am wohlsten, wenn er einfach seinem bisherigen Tagesablauf nachgehen könne – diese Struktur und die Ungestörtheit in der Werkstatt hülfen ihm, Ruhe zu finden. Seine Frau mache ihm dann Vorwürfe, wie er einfach wieder zur Tagesordnung übergehen könne. Öfters schon habe sie ihn aufgefordert, mit ihr eine Selbsthilfegruppe für verwaiste Eltern zu besuchen. Das käme für ihn aber nicht in Frage – nur reden bringe ihm gar nichts.

Zu einem Beratungsgespräch ohne seine Frau hat er sich entschlossen, nachdem sie meinte, sie habe Angst, er würde mit dem Trinken beginnen. Vermutlich deswegen, weil er ihr neulich gesagt hat, das Feierabendbier mit seinen Kollegen seien die wenigen Momente, in denen er seinen Schmerz vergessen könne. Das war nicht klug, wie er nachträglich feststellte. »Schweigen ist eben doch besser als reden«, meinte er lakonisch im Gespräch. Verunsichert durch die Bemerkung seiner Frau, er könne in ein Alkoholproblem rutschen, frage er sich nun, ob mit ihm alles in Ordnung sei. Andererseits könne er sich nicht vorstellen, diese schreckliche Zeit anders zu gestalten. Er sei nun mal so. Ihm wäre es allerdings eine große Entlastung, wenn nicht von außen dauernd Ansprüche an ihn gestellt würden, wie er zu trauern hätte und was ihm gut täte. »Der Tod meiner Tochter ist unabänderlich, hier kann nichts mehr helfen. Vielleicht verzweifle ich daran, aber wie ich damit umgehe, das soll mir niemand vorschreiben.«

Wenn Sinn verstanden wird als etwas, das einen Wert darstellt (wie im obigen Beispiel der alten Dame), dann steht Leid in aller Deutlichkeit gegen dieses Verständnis. Leid ist von Natur aus Unwert, Zerstörung, Verlust, Schmerz. So ist es nur natürlich, dass das Leid selbst als sinnlos erlebt wird (was nicht ausschließt, dass man es in einem größeren Horizont, aufgegangen in einer Religion oder einer Weltanschauung, als notwendig oder gar sinnvoll ansieht). Anders ist es in Bezug auf das subjektive Erleben eines sinnvollen *Umgangs* mit dem Leid. Nebst der

(1) Zustimmung zur Welt und ihren Bedingungen und (2) der Zustimmung zum Leben geht es (3) *um die Zustimmung zum eigenen So-Sein*. Damit ist gemeint, dass die Entscheidungen, die der Mann in Bezug auf seine Weise des Trauerns trifft, in Stimmigkeit mit ihm selbst und in Übereinstimmung mit den Werten im Außen erfolgen. Wenn er sich in dieser Stimmigkeit entscheidet, wenn er mit innerer Zustimmung »Ja« sagt zu dem, was er in seinem Trauern tut und was er lässt, dann ist er ganz sich. Oder mit Jaspers' Worten: »[...] was der Mensch ist, ist er durch die Sache, die er sich zur seinen macht« (1941/1977, S. 398).

Der Mensch vollzieht sich als Person im dialogischen Austausch mit der Außenwelt und der inneren Bearbeitung dessen, was ihn erreicht, berührt und anspricht. Existentiell gesehen ist also nicht die Bestätigung oder Ablehnung im Äußeren das Entscheidende, sondern die Stimmigkeit und das Erleben, sich selbst treu zu bleiben (Längle und Bürgi, 2014). Jeder Sinn enthält etwas Eigenes, für das Wesen der Person Unverwechselbares. Doch nur das, was Menschen freiwillig tun, kann als erfüllend erlebt werden. Zwang (zum Beispiel dem von außen erwarteten Trauerverhalten zu entsprechen) ist sinnzerstörend. Das schließt natürlich nicht aus, dass seine Teilnahme an einer Selbsthilfegruppe zweckvoll sein kann, zum Beispiel um seine Frau zu beruhigen oder um andere Väter kennenzulernen, mit denen er auch ohne Gespräche Solidarität im Verlust und Zusammenhalt erfährt.

4. Die Zustimmung zum Werden (zu Veränderung, Tat und Sinn)

Die vierte Leidensgeschichte berichtet von einer 39-jährigen Frau, die seit zwölf Jahren verheiratet ist. Schon bald nach ihrer Hochzeit war für sie wie auch für ihren Mann klar, dass sie eine Familie gründen wollen. Doch die erhoffte Schwangerschaft blieb aus. Umso größer war die Freude, als die Frau vor acht Jahren zum ersten Mal schwanger war. Sie verlor das Kind in der zehnten Woche und erlitt in den folgenden drei Jahren zwei weitere Fehlgeburten. Mit der letzten Fehlgeburt verlor sie auch die Hoffnung, eine eigene Familie haben zu können. Seither plagen sie Selbstvorwürfe, Schuldgefühle und die Angst, etwas »falsch« gemacht zu haben. »Ich bin eine unsichtbare Mutter«, wie sie es nannte.

Ihr Ehemann unterstützt sie, wo er kann, aber im Inneren hat er sich nach diesen Verlusten auf ein Leben ohne Kinder eingerichtet. Sie hingegen findet heute noch schwerlich Ausdruck für das Erlebte und Erlittene. Gute Tage wechseln sich ab mit Tagen der Trauer, der Ohnmacht, der Wut, der Leere. Die Leere, die sie in der Begleitung beschreibt, sei nicht nur wegen des Verlustes ihrer Kinder da, sondern auch wegen des Verlustes ihres Lebensentwurfes. »Hat mein Leben ohne Kinder einen Sinn – wer braucht mich – wohin mit all meiner Liebe?« sind Fragen, mit denen sie jeden Morgen erwacht. Die Gespräche darüber mit ihrem Mann sind seltener geworden, »es entlastet mich ja auch auf eine gewisse Weise zu sehen, dass er damit zurechtkommt«.

Seit sie eine Selbsthilfegruppe für ungewollt kinderlose Frauen besucht, geht es ihr deutlich besser. Es tut ihr gut, andere Frauen zu treffen und aus ihren Erzählungen zu erfahren, dass ein unerfüllter Kinderwunsch nicht das gesamte Leben bestimmen muss. Diese Gespräche machen sie offen, was ihr das Leben zuwirft, in einen Anfang zu bringen – »Leben neu in die Welt einfädeln. Anfangen verwebt das Leben mit der Welt« (Längle, 2000b, S. 11). In kleinen Schritten beginnt sie, sich vom Leben wieder anfragen zu lassen, und es entwickelt sich langsam »ein Ahnen, dass Kinder nicht die einzige Antwort sind, um in meinem Leben Spuren zu hinterlassen«.

Wenn wir Sinn verstehen als praktische Dimension der Lebensgestaltung, geht es bei der *Zustimmung zum Werden (zu Veränderung, Tat und Sinn)* um das Handlungspotential eines Menschen. Wenn nichts anderes mehr zählt, wenn sich keine andere Tätigkeit lohnt, wenn keine Beziehungen im Leben mehr Bedeutung haben, steht der Mensch existentiell gesehen vor der Aufgabe, etwas (neu) anzufangen. Nicht (1) der Blick auf die Möglichkeiten in der gegebenen Situation, (2) die Zuwendung zum Wertvollen, (3) das Einbringen des Eigenen, sondern (4) die Hinwendung zur Veränderung ist die existentielle Aufgabe. Diese Veränderung kann in ihrem Ergebnis aber nur dann als sinnvoll erlebt werden, wenn sie für die eigene Zukunft eine Bedeutung hat, wenn sie ein eigener Beitrag für die Zukunft eines größeren Ganzen darstellt, und wenn Menschen fühlen und spüren, dass sie für eine Aufgabe benötigt werden. Ohne diesen emotionalen Bezug, ohne diese Vernetzung und die Eingewobenheit in die eigenen Lebensbezüge bleibt das Erleben des Engagements unvollständig und sinnleer (Längle, 1994/2011).

Rekapitulation

In der existentiellen Begleitung geht es darum, den Klienten in die Begegnung zu führen mit dem, was ihn angeht und was das Wesentliche für ihn in der Situation ist. Dieses Heranführen zu sich selbst, das Mit-sich-selbst-Sein, um so auch besser mit anderen sein zu können, ist Ziel- und Ausgangspunkt der existentiellen Begleitung. Erst wenn Menschen ganz bei sich sind, können sie zu einer authentischen Stellungnahme finden und zu einem persönlich stimmigen Umgang mit leidvollen Situationen. Dazu ist es wichtig, dass sie Bezug nehmen

1. zu den *Fakten* → *ich kann*
2. zu dem, was für sie einen *Wert* darstellt → *ich mag*
3. zu dem, was *ihnen selbst wichtig* ist *und richtig* erscheint → *ich darf*
4. und letztlich auch zu dem, was für ihn einen *Sinn* darstellt. → *ich soll*

Erst auf dieser vierfachen Basis entstehen ein freies Wollen und eine innere Zustimmung. Innere Zustimmung – das heißt, *ich kann, ich mag, ich darf und ich sehe in meinem Tun einen Sinn.* Dies ist die Grundlage für ein erfülltes Dasein (Längle, 2008).

Die Existentielle Praxis

Der Blick auf Lebensrelevantes

Existentielle Begleitung ist, wie der Name sagt, »existentiell« ausgerichtet. Existentiell meint, dass in der Begleitung nur jene Inhalte von Bedeutung sind, die unmittelbar das Leben der Klienten betreffen, die sie also selber sehen, erleben und als bedeutsam spüren. In der existentiellen Begleitung geht es darum, das, womit die Klienten in ihrem Dasein in Beziehung stehen, was sie an-geht und Grundlegendes für ihr Dasein darstellt, in den Fokus der Aufmerksamkeit zu rücken. Anders gesagt: Etwas ist existentiell, wenn eine Erfahrung, ein Inhalt oder ein Erleben mit dem Menschen in *seinem* Leben und mit *seinen* Entscheidungen zu tun hat. Deshalb nimmt die existentielle Vorgangsweise immer Bezug auf die konkrete Situation, in der ein Mensch steht. Existentielle Begleitung arbeitet daher kaum mit allgemeinen kognitiven Überlegungen, sondern versucht erlebnisnah zu sein, das heißt in Bezug auf das, *wie* es den Klienten in seinen Lebensbezügen anspricht, berührt und angeht. Das schließt nicht aus, dass eine Diskussion vereinzelt hilfreich sein kann, um etwas besser verstehen zu können oder Zusammenhänge zu erklären.

Der existentielle Zugang stellt auch den Begleiter vor dieselben Fragen der Existenz. Daher ist die Selbstreflexion eine wichtige Voraussetzung, um Klienten in ihren existentiellen Fragen besser begleiten zu können: Nur mit dem, was der Begleiter aus dem Selbstbezug und dem eigenen Leben kennt, dessen existentielle Relevanz ihm erschlossen ist, wo er erfahren hat, wie es mit dem Leben, mit seinem eigenen Leben verwickelt, verbunden (oder problematisch) ist, kann er dem Klienten authentisch gegenübertreten und ihm in seinem Thema begegnen. Wenn diese Brücke nicht geschaffen ist, wenn der Begleiter das Lebensrelevante (den existentiellen Inhalt) für sich nicht erschlossen und an seiner eigenen Existenz erfahren hat, kann er schwerlich authentisch sein. Authentizität in der existentiellen Begleitung meint – ohne Maske, im wirklichen Gespräch mit dem Klienten –, sich selbst betreffen zu lassen und dann aus dieser persönlichen Berührung heraus zu sprechen und zu handeln. Zu solcher Professionalität gehört auch, dass der Begleiter diesen oder ähnliche Wege selbst gegangen ist, dass er weiß, wo die Abgründe des Lebens sind, wie er damit zurechtgekommen ist und wie er sich auch schützen konnte, damit er nicht in diese Abgründe fällt. Wenn sich dem Begleiter im Gespräch hingegen diese existentiellen Fragen selbst aufwerfen und er im Umgang damit ungeübt ist, kann er den Klienten aus den Augen verlieren.

So stellt die Lebensbezogenheit ein Charakteristikum der existentiellen Begleitung dar: Existentielle Fragen und Themen von Klienten können dann gut begleitet werden, wenn der Begleiter die Inhalte reflektiert und ihren Bezug auf das eigene Leben geklärt und durchgefühlt hat. So steht also auch er immer in der persönlichen Herausforderung des Zustimmens, denn die Begleitung von Menschen in Krise und Leid benötigt einen guten Umgang mit sich selbst und dem eigenen Leben:

Tabelle 2: Impulse zur Reflexion der eigenen Zustimmung zum Leben

Zustimmung	braucht (personaler Prozess)	Impulse zur Reflexion
zur Welt und ihren Bedingungen	Akzeptanz der Bedingungen	Habe ich die Kraft und die Fähigkeiten, mit dieser Leidensgeschichte sein zu können? Kann ich sie annehmen und aushalten?
zum Leben	Zuwendung zu den Werten	Kann ich mich emotional ansprechen lassen, und wie geht es mir in der Berührung mit dieser Leidensgeschichte? Wie viel Nähe kann ich zulassen und geben?

Zustimmung	braucht (personaler Prozess)	Impulse zur Reflexion
zum eigenen So-Sein (zur Person)	Achtung der (eigenen) Person	In welchem Bezug steht diese Leidensgeschichte mit meinem eigenen Leben? Kann ich mich auch abgrenzen?
zum Werden (zu Veränderung, Tat und Sinn)	Einverständnis zur situativen Anfrage und Herausforderung	Wozu werde ich in dieser Begleitung gebraucht? Was sehe ich (angesichts des oft Unabänderlichen) als meine Aufgabe? Was kann ich bei all dem Leidvollen an Gutem beitragen?

Die dialogische Grundhaltung

Die existentielle Begleitung ist in der Vorgangsweise dialogisch, weil kein Mensch aus sich heraus vollständig ist. »Der Mensch wird am Du zum Ich«, sagt Martin Buber (1977, S. 37). Erst im Miteinander kommt der Mensch zu sich selbst und wird als Person[5] geboren. Als Menschen sind wir auf das Du angewiesen, um in einen echten Austausch zu kommen. Diese dialogische Haltung ist grundlegend für alle Gegebenheiten in der existentiellen Begleitung: Nicht nur das Du, sondern auch der Inhalt, um den es geht, die Gruppe, ein System – immer geht es darum zu erkennen, was hier jetzt das Wesentliche ist.

Wesentlich kann nur etwas sein, was den Menschen – in diesem Fall den Begleiter – betrifft. Diese radikale subjektive Sicht, die aber von vornherein wiederum das Subjekt – das erlebende Ich – in den Mittelpunkt stellt, mag anfangs etwas schwierig

---

5 »Personsein ist im existentiellen Verständnis eine grundsätzlich auf Andersheit ausgerichtete Kraft, die auf ein Du angelegt (vgl. z. B. Buber 1973; Frankl 1959; Längle 2008) ist. Diese Strebung zum Du steht einer anderen entgegen, die sich auf die unverwechselbare, einmalige und einzigartige Person richtet, die man selbst ist« (Längle und Bürgi, 2014).

erscheinen, aber sie ist notwendig, um Wesentliches zu erkennen. Wesentlich ist das, was unverwechselbar, einmalig, einzigartig ist und *gerade jetzt in diesem Kontext* diesem Menschen als die relevante Information »erscheint«, also so »vorkommt« (ohne Anspruch, dass es so ist).

Um dieses Lebensrelevante des Klienten auszumachen, das heißt zu erkennen, zu fühlen und zu spüren, braucht es das eigene Wesen des Begleiters. Dialogisch bedeutet immer, intentional auf den Anderen ausgerichtet zu sein, *ohne sich dabei zu vergessen*. Ein Dialog kann nur dann zustande kommen, wenn der Begleiter auf sich zurückgreifen kann und das Seinige zu dem, was das Du sagt, einbringt. Ohne diese ständige Bezüglichkeit zum Anderen und zugleich zu sich selbst wäre es kein Dialog, wäre es keine Begegnung zwischen Ich und Du. Obwohl der existentielle Zugang ein großes Augenmerk auf das Subjekt legt (was nehme *ich* wahr – wie geht es *mir* damit – was halte *ich* davon – was verlangt die Situation von *mir*), besteht immer eine Doppelbezüglichkeit nach innen *und* nach außen. Alles, was geschieht, steht immer in der Verwobenheit mit dem Anderen, steht immer im Kontakt mit der Andersheit (Längle, 2008, S. 94).

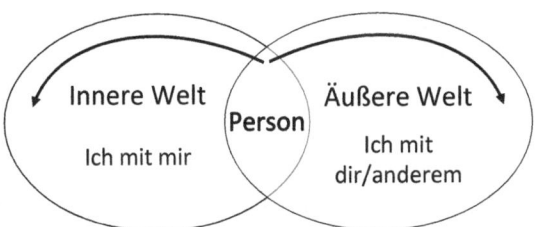

Abbildung 1: Die Person steht in ständigem Dialog mit der inneren und äußeren Welt, hat eine ihrem Wesen entsprechende Fähigkeit zum Wahrnehmen von relevanten Inhalten (Längle, 2008, S. 94)

Dialogisches Vorgehen bedeutet, die Themen auf der Ebene des persönlichen Erlebens zu behandeln – sowohl beim Begleiter selbst wie auch beim Klienten. Auf dieser personalen Ebene kann sich der Klient besser verstanden fühlen, weil es um *ihn* geht, und nicht um Erklärungen, Theorien, Deutungen, Überlegungen. Der Begleiter kann die dazu notwendige Offenheit und die Weise seines Sehens von Wesentlichem systematisch unterstützen, indem sein innerer Dialog beim Zuhören und Mitschauen von folgenden Fragen geleitet ist (vgl. Heidegger, 1975, § 5): 1. Was zeigt sich da? 2. Wie wirkt das auf mich? 3. Ist es wirklich so?

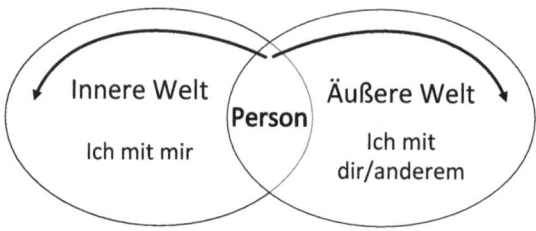

1. Was zeigt sich da?
2. Wie wirkt das auf mich?
3. Ist es wirklich so?

Abbildung 2: Innerer Dialog des Begleiters zur Unterstützung der Doppelbezüglichkeit nach innen und nach außen

Die Haltung der Offenheit

Methodisch bedeutet existentielles Begleiten nicht nur den Einbezug der Selbstreflexion (vgl. Längle, 1996), sondern auch die Offenheit, voneinander zu lernen, aneinander zu wachsen, zu reifen und gemeinsam in der Begleitung zu erkennen, was wesentlich ist, worum es in dieser Situation geht. Diese Offenheit ist auch eine Haltung der Bescheidenheit, des eingestandenen Nicht-Wissens, des Sich-betreffen-, Sich-berühren- und Sich-ansprechen-Lassens, so dass sich Wege der Existenz erweisen, auftun und zeigen können und es so möglich machen, im fortschreitenden Gehen immer wieder neue Aspekte und neue Perspektiven zu sehen zu bekommen.

Sich selbst sein bei dieser gleichzeitigen Weltoffenheit ist der Boden, um dem Klienten, seinen Erfahrungen, seinem Erleben und seinen momentanen Existenzmöglichkeiten authentisch begegnen zu können. Der Begleiter ist demnach nie ein neutraler Beobachter, sondern Teil des gemeinsamen, dialogisch-partnerschaftlichen Erhellungsprozesses.

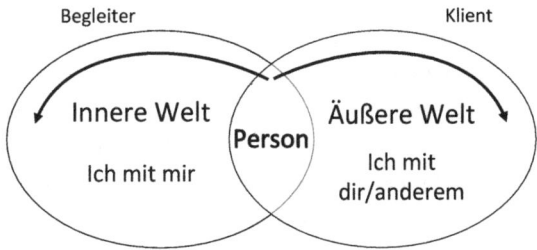

Was zeigt sich mir?
Was verstehe ich? Was ist das Wichtige?
Wie hängen die Dinge zusammen?
Ist das wirklich das Wichtige?
Ist das alles, was ich/du/wir beide verstanden haben?
(vgl. Längle, 1999; auch Längle und Bürgi 2014, S. 216)

Abbildung 3: Die wichtigsten phänomenologischen Fragen im Überblick

»Wollen wir eine Brücke schlagen von Mensch zu Mensch – und dies gilt auch für eine Brücke des Erkennens und Verstehens –, so müssen die Brückenköpfe eben nicht die Köpfe, sondern unsere Herzen sein« (Frankl, 1971, S. 162).

2 Warum Menschen leiden

Leiden – einen Weg gehen

Leiden bedeutet allgemein gesagt Schmerz haben. Die Bedeutung des deutschen Wortes »Leiden« kann uns aus seiner Geschichte etwas über die tiefe Erfahrung erzählen, die Menschen im Leiden gemacht haben. Das althochdeutsche Wort »lidan«, von dem sich »leiden« herleitet, bedeutet: »fahren, gehen«. Leiden bedeutet also ursprünglich »durchgehen«, etwas (Schweres) »durchmachen« (Kluge, 1975, S. 433), man könnte auch sagen: »einen Weg gehen mit dem Schmerz«, den Schmerz als Gefährten haben auf einem Stück des Weges im Leben. – Solche Wege sind sehr unterschiedlich.

> *»Es gibt einen Weg,*
> *den keiner geht,*
> *wenn Du ihn nicht gehst.*
> *Wege entstehen,*
> *indem wir sie gehen.*
> *Die vielen zugewachsenen, wartenden Wege,*
> *von ungelebtem Leben überwuchert.*
> *Es gibt einen Weg,*
> *den keiner geht,*
> *wenn Du ihn nicht gehst:*

*es gibt Deinen Weg,
einen Weg, der entsteht,
wenn Du ihn gehst«
(Sprenger, 1998, S. 15).*[6]

So dichtete Werner Sprenger und fasste etwas Wesentliches in diese Worte: dass neben aller Beschwerlichkeit des leidvollen Weges eine Hoffnung besteht. Durch das Durchgehen des Weges eröffnet sich etwas Neues, ein Weg, der ohne dieses Tun, ohne ihn anzugehen, verschlossen bliebe. »Wege entstehen, indem wir sie gehen.« Leiden heißt daher im Grunde: Meinen Weg, den eigenen Weg des Schmerzes gehen.

So wie Wege und Wanderer verschieden sind, so ist auch das Leiden, das Gehen des Weges im Schmerz, nicht nur vom Weg her unterschiedlich, sondern auch von der Person und ihrer Art verschieden. Wir können den Weg zum Beispiel stumm gehen oder klagend, verzweifelt oder hoffend, aufopfernd, in Auflehnung, in Demut, im Alleingang, im Bezogensein auf andere, im Gebet. Es gibt viele Arten, den Weg zu gehen. Doch nicht nur der Modus des Leidens ist verschieden, wir können auch an unzähligen Themen und Inhalten leiden: am Schmerz, an der Hoffnungslosigkeit, Verzweiflung, Verlassenheit und Einsamkeit, Sinnlosigkeit und so weiter. Das Leben hält uns viele Möglichkeiten bereit zum Leiden – so wundert es nicht, dass Leiden formal wie inhaltlich nicht so leicht auf einen Nenner gebracht oder verstanden werden kann.

---

6 Gedicht von Werner Sprenger »Einen Weg gibt es« aus dem Buch »Gedichte zum Auswendigleben«, 9. Auflage, Nie-Nie-Sagen-Verlag, Konstanz, 1998, S. 15. – Mit freundlicher Genehmigung von Helga Sprenger.

Formen des Leidens

Woher kommen die Schmerzen der Seele? Die Quellen, an denen wir leiden können, lassen sich in vier verschiedene Bereiche gliedern. Jeder Mensch kennt alle Formen (vgl. Frankl, 1959, S. 665 ff.; Längle, 2008, S. 68 ff.):

1. *Körperliches* Leiden vom Typus des *Schmerzes:* Verletzungen, Krankheiten, funktionelle Störungen wie zum Beispiel Schlafstörungen oder Migräne. Welches Leiden kann schon allein ein Zahnweh hervorrufen! – Weil der Mensch eine Ganzheit ist (zum vertieften Verständnis des existentiellen Menschenbildes siehe Seite 116 f.), hat auch die Seele Schmerz, Belastung, mitunter sogar Verzweiflung, wenn körperliche Schmerzen da sind.
2. *Psychisches* Leid vom Typus des *Verlustes von Wertvollem:* Es sind Gefühle wie Schwere und Mühsal des Lebens, Gefühllosigkeit, Leere oder psychische Verletztheit. Man kann es als emotionales Leid bezeichnen, wenn uns jemand eine Gemeinheit sagt, uns kränkt, die Treue bricht.
3. *Persönliches* Leid vom Typus der *Selbstentfremdung,* des Nichtsich-selbst-Seins: Es ist ein Leiden am Verlust von Identität (von dem, was wesentlich ist für uns) oder von Kongruenz mit sich selbst (Rogers, 1981). Das geschieht, wenn uns andere abwerten, nicht sehen, lächerlich machen, die Intimsphäre verletzen, unsere Grenzen missachten, uns übergehen, wenn wir Ungerechtigkeit erleben – oder wenn wir selbst anderen nicht gerecht werden und uns Gewissensbisse plagen.
4. *Existentielles* Leid vom Typus der Vergeblichkeit, der *Sinnlosigkeit:* Es ist ein Leiden an der Orientierungslosigkeit, am fehlenden größeren Zusammenhang, in dem wir unser Leben und unser Handeln verstehen können, an der Erfolglosigkeit, an der sinnlosen Schicksalhaftigkeit oder Hoffnungslosigkeit, die schließlich in Verzweiflung übergehen kann.

Zwei Leidensgeschichten
Die Modalitäten des Leidens sind von Persönlichkeits- und Reifefaktoren abhängig. Die zwei folgenden Beispiele erzählen von Menschen, die in ganz unterschiedlicher Weise mit ihrem Leiden zu kämpfen hatten.

Als junger, aktiver Mann stand Herbert[7] mit seinen 34 Jahren am Beginn einer großen beruflichen Karriere in seiner Firma. Doch seit Tagen ging es ihm sehr schlecht. Ängstlich-zitternd wartete er auf die Diagnose von seinen Gangbeschwerden: Ist es nur eine Infektion oder ist es doch eine unheilbare Krankheit, die schrittweise und zunehmend zur Lähmung führt: eine Multiple Sklerose? – Es war Multiple Sklerose, wie sich alsbald herausstellte. Er war von der Diagnose so getroffen, dass er die nächsten zwei Monate arbeitsunfähig war. Da waren zwar die neurologische Krankheit und das unsichere Gehen, das an und für sich noch keineswegs hinderlich war. Worunter er litt, war etwas anderes: Er litt psychisch-geistig unter diesem Schicksalsschlag, der ihm sein Leben zunichtemachte. Bohrende, quälende Fragen tauchten in ihm auf: »Wie soll es weitergehen mit mir? Wie wird das werden, womit habe ich zu rechnen? Was wird aus mir und meinem Leben? Das bedeutet ja auch einen früheren Tod, jahrelang im Rollstuhl sitzen, immer weniger selber tun können, immer abhängiger werden. Kann ich das aushalten? Kann ich mich darauf einlassen? Was kann ich noch tun in meinem Leben, das von so einer Krankheit gezeichnet ist? Wofür soll ich jetzt leben? Ist das noch ein Leben? War das ein Leben?«

Alsbald kamen andere Fragen dazu: »Was soll ich auf die Fragen der Leute antworten? Halte ich Mitleid aus, das oberflächliche Gerede, das mir Trost spenden soll? Mag ich in diesem veränderten Zustand überhaupt mit ihnen zusammentreffen?«

---

7   Name geändert.

Die Frage nach dem Sinn seiner Krankheit drängte sich ihm nicht auf. Für ihn war das Leben deshalb nicht völlig aussichtslos geworden. Er wusste, dass ihm sein tiefes Denken und Fühlen nicht abhandenkommen. Doch er fühlte sich nicht stark genug, jetzt diese Krankheit anzunehmen, in dieses veränderte Leben zu gehen. Was bedeutet es, mit so einer Krankheit zu leben? Mit so einer Frage hatte er sich noch nie befasst. Nicht einmal theoretisch. Und nun gleich diese Wucht einer schweren Diagnose. Kein langsames Hineinwachsen. Er fühlte sich nicht stark genug, mit anderen Menschen darüber zu reden, es ihnen zu sagen. Erst musste er sich mit sich selbst auseinandersetzen, um Klarheit zu bekommen in seinen Gedanken, Gefühlen, Beziehungen. Erst musste er sich sammeln, zu sich kommen nach diesem Schock, seine Position in der Welt für sich klären – vorher war ihm nichts möglich. Er war persönlich zu zerstört, zu sehr vom Leiden überwältigt. Alles in ihm war ein Zittern, ein Weinen und Unsicherheit. Er zog sich zurück, um nicht auf seine Krankheit und sein Befinden angesprochen zu werden. Er hatte Angst, dann die Kontrolle zu verlieren, in Weinen auszubrechen, von seinem Leid über das unfassliche Schicksal überschwemmt zu werden. – Tiefes, erschütterndes Leiden.

Lukas[8], 70-jährig, lag im Krankenhaus, zum 15. Mal in einem einzigen Jahr. Er war voller Metastasen in Leber, Lunge, Knochen und Rücken. Wegen der unerträglichen Rückenschmerzen hat man ihm eine Metastase am Kreuzbein wegoperiert. Trotz Operation und Opiaten litt er an starken Schmerzen. Auf die Frage, wie dieses Leben für ihn sei, für ihn, der immer so ein begeisterter Bergsteiger war – und nun so viel im Bett liegen muss, war seine Antwort nüchtern und sie entsprach ganz seiner Lebenshaltung: »Ich kann es nicht ändern. Es ist so. Natürlich würde ich gern in die Berge gehen. Es fällt mir

---

8 Name geändert.

nicht immer leicht, jetzt darauf verzichten zu müssen. Aber ich war immer ein Realist. Und ich sehe auch das realistisch. Ich werde nie mehr gehen können.«

Diese klare Antwort mag erstaunen. Überspielt er vielleicht ein heimliches Leiden? Wie kann ein Mensch das aushalten? »Es ist so. Ich versuche damit, so gut ich eben kann, zurechtzukommen. Es ist so.« Seine Sätze lassen die Stärke seiner Person spüren und seine Fähigkeit auszuhalten, die in seiner strengen Sachlichkeit begründet ist, die er ein Leben lang gelebt hat. Wie viele Schmerzen hat er schon ertragen müssen und wie viele stehen ihm noch bevor?

Wenn wir diese beiden Schicksale anschauen, fragen wir uns vielleicht: Wer leidet hier mehr? Natürlich kann man Leiden schwer vergleichen, weil Leiden immer subjektiv ist. Aber wer wirkt leidender nach außen hin: der 70-jährige Mann, der nahe am Sterben ist mit seinen furchtbaren Schmerzen? Oder der jüngere Mann mit der Multiplen Sklerose ohne körperliche Schmerzen, der noch viele Jahre vor sich hat? Solche Beobachtungen stellen uns vor die Frage: Was ist eigentlich Leiden? Wie kann es so unterschiedlich sein? – Im Folgenden soll versucht werden, besser zu verstehen, woran wir leiden, wenn wir leiden.

Das Wesen des Leidens

Warum leiden wir eigentlich? Was macht das Leiden zum Leiden? Woran leiden wir im Leiden? Wird etwas deshalb zum Leiden, weil wir es nicht verstehen? Ist es ein (bewusstes oder unbewusstes) Gefühl der Sinnlosigkeit, das eine Erfahrung in ein Leiden verwandelt? Oder ist Leid einfach das Empfinden von Negativem, Unangenehmem, Belastendem, von schmerzhaften Gefühlen also, gleichgültig ob körperlichen oder seelischen Ursprungs?

Ganz allgemein betrachtet stellt Leiden ein Ertragen von Unangenehmem dar. Wer leidet, hat schmerzliche oder belastende Gefühle. Es bedarf nicht notwendigerweise Gefühle der Sinnlosigkeit. Aber es ist in jedem Fall ein Fühlen. Selbst ein geistiges Leid ist nur deshalb ein Leid, weil es unangenehme Gefühle auslöst. So können wir Leiden beschreiben als das Empfinden und Fühlen von unangenehmen Gefühlen, hervorgerufen durch entweder/oder (1) körperlichen Schmerz, (2) belastenden Verlust von Wertvollem, (3) schmerzliche Selbstentfremdung, (4) Sinnlosigkeit und Unverständnis dessen, was passiert (zum Beispiel eine unfreiwillige Trennung).

Aber ist wirklich das unangenehme Gefühl das Kriterium für Leid, die Ursache, durch die ein Erleben zum Leid wird und nicht etwa zur Freude oder Lust? Hier machen wir eine eigentümliche Erfahrung: Unangenehme Gefühle haben unterschiedliche Bedeutung und Auswirkung auf das Leben und werden daher subjektiv auch unterschiedlich empfunden. Sie können in verschiedener Weise ins Leben eingebettet und von der Person verstanden werden. Eine Mühe, eine Anstrengung, ein Einsatz kann uns zum Beispiel viel Kraft kosten, unangenehme Gefühle verursachen, doch wenn wir wissen, wofür wir es machen, verwischt sich die Grenze zwischen Erfüllung und Leid. Auch wenn das Schreiben eines Artikels mit leidvollen Verzichten und vielen anstrengenden Stunden und Nachtarbeit verbunden ist, für die es viele angenehme Alternativen gegeben hätte – als ein wirkliches Leid kann ich es nicht ansehen. Es gibt so viele Beispiele dafür in unserem Leben. Wenn wir auf einen Berg gehen, so strengen wir uns an, quälen uns vielleicht den letzten Aufstieg hinauf, manchmal kommen auch Schmerzen und Blasen an den Füßen dazu – und doch können wir unsere Freude an der Wanderung haben. Trotz Schmerzen kein wirkliches Leid!

Das Kriterium, das hier eine Rolle spielt, ob ein Erleben zum Leid wird oder zum Glück, ist die *Freiheit*. Allein die Tatsache, dass wir etwas freiwillig tun, schließt aus, dass der Leidensaspekt im Vordergrund steht. Der Grund ist einfach: Willentlich können wir bekanntlich nichts Negatives tun – subjektiv in der Situation nur als negativ Empfundenes zu tun ist uns nicht möglich (vgl. zum Beispiel Frankls Konzept des Willens zum Sinn, 1976; 1982, S. 221; 1996). Verallgemeinern wir es noch etwas mehr, so können wir davon ausgehen, dass der Stachel des Leidens durch die Freiwilligkeit gebrochen ist. Wenn man etwas freiwillig auf sich nimmt, wenn man etwas annehmen kann, es sein lassen kann, dann verliert das Leiden seine Spitze. Das würde bedeuten: Es ist die Auflehnung, die den Stachel des Leidens ausmacht! Das meint auch Camus (1959), wenn er Sisyphos als einen glücklichen Menschen bezeichnet. Er muss eine Ewigkeit lang einen Stein mit großer Anstrengung den Berg hinaufschaffen, um dann zusehen zu müssen, wie vergeblich alle Anstrengung war. Denn kaum ist der Stein oben, rollt er gleich wieder zu Tale. Camus stellt dem strafenden Schicksal der Götter einen stolz-trotzenden Sisyphos gegenüber, der seine Arbeit trotz Absurdität freiwillig tut. Damit erhält die Mühe einen Sinn, nämlich dass Sisyphos der Absurdität und Sinnlosigkeit standgehalten hat.

Es freiwillig auf sich nehmen – werden nicht der Schmerz und die Angst bei der Geburt eines Kindes üblicherweise übertönt durch die Freude über das Kind?

Doch sind nicht die unangenehmen Gefühle der beiden oben geschilderten Menschen – einmal mehr die körperlichen, einmal mehr die psychischen – in beiden Fällen sehr stark? Und doch ist ein großer Unterschied im Ausmaß des Leidens zu sehen. Denn der eine ist voller Angst und steht am Rand der Verzweiflung, weil er den Schicksalsschlag (noch) nicht annehmen kann; der andere ist weitgehend gefasst und kann fast schon gelassen mit seiner Situation umgehen, die er nun auch leben will, da sie zum Leben dazugehört.

Bei näherem Besehen ist Leid also nicht einfach als identisch mit dem Erleben von negativen Gefühlen anzusehen. Leiden verstehen wir jetzt als geistige Wahrnehmung eines Inhalts, auf den sich die Leidensgefühle beziehen. Unangenehme Gefühle werden nämlich erst dann zum Leid, wenn sie etwas *Destruktives* enthalten. Die Wahrscheinlichkeit, etwas als destruktiv zu erleben, ist bei Widerfährnissen, die wir uns nicht aussuchen, sondern denen wir ausgesetzt sind (wie zum Beispiel einer Krankheit, einem Verlassenwerden und so weiter), natürlicherweise viel größer als bei intendierten, freiwilligen Unternehmungen.

Leid könnte daher aus einer existentiellen Warte definiert werden als die empfundene Zerstörung von Wertvollem, von Lebenswichtigem. Oder noch kürzer: Leiden ist gefühlter Existenzverlust. Destruktion ist der dem Leid zugrunde liegende Inhalt – sie ist es, die im Leid jeweils wahrgenommen wird. Leidvolle Empfindung ist das subjektive Gefühl einer Zerstörung von etwas Lebenswichtigem, das Fühlen eines Zerreißens, einer Vernichtung, einer Trennung von Existenzgrundlagen. Nicht der objektive Sachverhalt ist für das Empfinden von Leid maßgeblich, sondern die Wahrnehmung durch das Gefühl, die Resonanz in uns. Leid ist die Zerstörung von Wertvollem.

Die Grundbedingungen der Existenz

Dieses Verständnis von Leid als gefühlte Zerstörung von Wertvollem können wir auch in Bezug auf uns selbst beleuchten: Wenn ich auf meine Schmerzen schaue, die ich in der Seele trage – ist da etwas Zerstörerisches enthalten? Was ist da zerstört bei dem, was mich schmerzt? – Gehen wir solchen Fragen nach, so führt uns das direkt zur Frage nach den Inhalten: Was sind jene Inhalte, deren Zerstörung so wehtun und uns leiden lassen, also über das Erleben von bloß Unangenehmem hinausführen? Wenn das Erleben mit einem so starken Schmerz verbunden ist, dann kann es sich nicht um eine Bagatelle handeln, die hier zerstört wurde. Die Heftigkeit des Schmerzes verweist darauf, dass es Inhalte sein müssen, die lebenserhaltend und lebenstragend sind.

Die moderne Existenzanalyse hat sich mit dieser Frage vertieft auseinandergesetzt, was lebenstragend ist und worin die menschliche Existenz begründet ist. Es wurden Strukturen gefunden, die sich als Voraussetzung für eine erfüllende Lebensgestaltung erweisen. Weil sie mit dem eigenen Personsein und seiner Verwirklichung zu tun haben, werden sie als *personal-existentielle Grundmotivationen* bezeichnet[9]. Sie stellen die Grundbedingungen erfüllter Existenz dar (vgl. Längle, 1992, 1994/2011, 2008).

Wenn wir von diesen Forschungen ausgehen, ergibt sich aus einer existentiellen Perspektive die These, dass das Erleben dann als leidvoll empfunden wird, wenn die Grundbedingungen der Existenz in ihrer Integrität betroffen oder beschädigt sind. Denn wenn es darum geht, sein Leben zu leben, im Leben präsent

---

9   Personal-existentielle Grundmotivation (GM) ist ein von Alfried Längle 1993 in die Existenzanalyse eingeführter Begriff zur Bezeichnung der tiefsten Motivationsstruktur der Person in ihrem wesensmäßigen Streben nach Existenz. Die Grundmotivaionen erweitern die Frankl'sche Motivationstheorie des »Willens zum Sinn« durch die Beschreibung dreier vorangehender und ihn bedingender persönlichkeitsstrukturierender Motivationen. Während Frankl die Sinnstrebigkeit als tiefste Motivation des Menschen ansah, fand die moderne Existenzanalyse drei personale Grundbedingungen, die der Sinnmotivation als vierte existentielle Motivation vorangehen und den Menschen durchgängig bewegen: 1. die Auseinandersetzung mit der Tatsache, in der Welt zu sein, 2. ein Leben zu haben, 3. eine Identität mit sich zu haben (Personsein, Selbstsein) und 4. vor einer Zukunft zu stehen, die noch ungewiss ist und die zum gestaltenden Handeln auffordert (Sinndimension).

zu sein und dabei sich selbst zu sein, und nicht einfach nur zu überleben, bedarf es einer Auseinandersetzung mit sich und der Welt. Aus der Sicht der Existenzanalyse sind es vier konstitutive Bereiche – eben diese Strukturen der Existenz –, womit sich der Mensch auseinandersetzen muss, um sein Leben sinnvoll bewerkstelligen zu können. Denn Existenz geschieht nicht einfach von selbst, sondern ist stets Auseinandersetzung mit diesen vier Dimensionen. Sie durchziehen als Dimensionen der Realität das Leben und begründen die Existenz. Im Folgenden werden die vier Bereiche vorgestellt, auf die sich der Mensch notwendigerweise beziehen muss, wenn er sein Leben existentiell gestalten will (Längle, 2007).

In der Welt sein können

Die erste Realität des Menschen ist die *Welt* mit ihren Bedingungen und Möglichkeiten. In sie ist er hineingeboren und durch sie ist er mit einer Realität konfrontiert, die sich ihm nicht beugt. Vieles in der Welt stellt sich uns entgegen, ist hart, widerständig und bringt unumstößliche Fakten und Gegebenheiten mit sich – Kälte, Not, Krisen, Krankheit und viele anderen Gefahren und Zwänge. Doch in dieser Welt haben wir zu sein und zu bestehen.

In der Welt sein heißt grundlegend dasein können und – inmitten dieser Fakten – die Spielräume der Möglichkeiten entdecken. Gelingt der Umgang mit dieser Welt nicht, entstehen Probleme und Schwierigkeiten. Wir leiden an der Realität, wenn wir zum Beispiel unser Alter oder unser Geschlecht nicht annehmen können oder wenn wir es nicht aushalten, dass die Dinge anders sind, als wir es uns wünschen. Der Mensch muss *sein können,* um überhaupt zum Leben zu kommen und existieren zu können. Sein können heißt also überleben und mit den Fakten zurechtzukommen. Das stellt den Menschen vor die grundlegende Frage der Existenz: *Ich bin – aber kann ich sein?*

Lässt mich die Welt, in der ich bin, überhaupt sein oder bringen mich die Umstände gleichsam um?

Das Leben mögen
Die zweite existentielle Dimension bezieht sich auf die Tatsache, dass wir ein *Leben* haben und als Lebende da sind. Wir bestehen aus Fleisch und Blut und sind als biologische Wesen in eine Zeitlichkeit gestellt: Wir wachsen, reifen, verblühen und vergehen. Leben bedeutet, leiblich-seelisch-geistig zu fühlen und zu er-leben. Als Menschen sind wir immer fühlend zugegen. Die Gefühle sind der Inhalt des Er-lebens. Erst das Fühlen setzt das Erlebte in Beziehung zum eigenen Leben. Was existentiell bedeutsam ist und unser Leben zu einem guten Leben macht, wird vor allem emotional wahrgenommen. Vieles von dem, was wir fühlen, ist genussvoll, freudig und bereichernd. Aber wer fühlt, findet auch das andere im Leben, das Negative, das Schmerzliche, das Leidvolle. Je besser ein Mensch fühlen kann, desto mehr kann er sich freuen, aber desto tiefer leidet er auch. Das Faktum des Lebendigseins stellt den Menschen also vor die zweite grundlegende Frage der Existenz: *Ich lebe – aber mag ich leben?* Erlebe ich genügend Wertvolles oder ist vieles so belastend, dass kaum mehr Lebenswichtiges übrig bleibt und ich mich aus der Beziehung zum Leben zurückziehe?

Selbst-sein-Dürfen
Die dritte Tatsache, mit der sich jeder Mensch in seiner Existenz auseinandersetzen muss, ist das Faktum, dass ich als *Person* da bin, als Ich mit einer Identität. Menschen verändern und entwickeln sich, doch in ihrem Personsein bleiben sie zeit ihres Lebens einzigartig und unverwechselbar. Betrachten wir Fotos aus unserer Kindheit, sehen wir ganz anders aus, doch wir *sind* nie ein anderer. Wo das geschieht, liegt eine Störung oder eine Krankheit vor (zum Beispiel Schizophrenie als schwere psychi-

sche Krankheit). Der gesunde Mensch ist immer sich oder in den Worten Levinas: »Man ist nicht, man ist sich« (1978, S. 38). Ich muss mit mir sein und kann mich nicht von mir trennen.

Doch wie ist das zu bewerkstelligen, dass ich mit mir auch auskommen *kann*? Dass ich mit mir weiter beisammen sein mag, in einem guten Einvernehmen mit mir bin, mich ernst nehme, mir gerecht werde, mich schätze und mich nicht mit Vorwürfen überhäufe? Das Mit-sich-Sein ist unausweichlich: Ich *muss* mit mir leben (im Gegensatz zu einer Partnerbeziehung kann ich mich nicht von mir scheiden lassen – das wäre der Suizid). Das Faktum des Sich-selbst-Seins kreist um die Grundfrage des Personseins: *Ich bin ich – aber darf ich so sein?* Habe ich das Gefühl, mir selbst zu entsprechen und mir gerecht zu werden, aber auch anderen mit meinem Verhalten gerecht zu werden? Bin ich wirklich (authentisch) »ich« oder treffe ich mich im Leben gar nicht an?

Sinnvoll leben

Wenn man in einer Welt bestehen kann (sein können), mit dem Leben und seiner Lust und seinem Leid zurechtkommt (leben mögen) und auch sich selbst darin findet und antrifft (so sein dürfen), fehlt zu einer erfüllten Existenz noch eines: das Erkennen dessen, worum es im Leben gehen soll. Auf die Tatsache, dass Leben ein ständiger Fluss von Wandel ist und nichts bleibt, wie es ist, bezieht sich die vierte Dimension der Existenz: Was macht mein Dasein *sinnvoll?* Wie kann ich dazu beitragen, dass das, was sich ändert und in dieser Zeitlichkeit entsteht, sein Gutes hat und nicht einfach vergeht? Denn der Mensch hat das Bestreben, den Fluss der Zeit und die unaufhaltsame Veränderung in etwas aufgehen zu lassen, das über das eigene Leben hinausgeht. Es genügt uns nicht, einfach nur da zu sein und sich gefunden zu haben. Dasein findet immer in Horizonten und größeren Bezügen statt, in denen wir stehen und wirken. Wie kann ich mich damit verbinden? Das ist die Sinnfrage der Existenz: *Ich bin da – aber wozu soll ich da sein, wofür ist mein Leben gut?* Gibt es in meinem Leben genügend Aufgaben und Wertbezüge, die mir etwas bedeuten, oder erlebe ich oft Leere und Sinnlosigkeit?

Leiden – gefühlter Existenzverlust

Leiden aus einer existentiellen Perspektive stellt die subjektiv empfundene Zerstörung einer oder mehrerer dieser Grundlagen dar. Betrachten wir die Auswirkung der Zerstörung auf die verschiedenen Dimensionen im Einzelnen:
1. Leiden, weil man die Bedingungen nicht annehmen kann ...
Eine subjektiv empfundene Zerstörung der ersten Grundbedingung der Existenz führt zu einem Gefühl des Nicht-sein-Könnens in der Welt. Viel Leid hat damit zu tun, in der eigenen »Welt« (Arbeitsplatz, Familie, bei sich, in dieser Krise) nicht sein zu können, keinen Platz zu haben, angefeindet zu sein oder selbst zu wenig stark zu sein, zu wenig Kraft zu haben, um zum Beispiel die Bedingungen, in denen man steht, ertragen zu können. Dann kann das, was »ist« (ein Problem, eine Situation, neue Bedingungen und so weiter), nicht angenommen werden. Oft hat Leiden mit dem Nicht-annehmen-Können zu tun. Schwierige Lebensumstände können überfordern, so dass es schwer wird, das Gegebene und Eingetretene annehmen zu können. In der Folge entstehen Verunsicherung und Angst. – Leiden, das aus dieser Dimension stammt, ist der Freiheitsverlust, der im Nicht-annehmen-Können des Gegebenen liegt. In der Tiefe ist es das leidvolle Gefühl, unter diesen Umständen nicht mehr sein zu können.
2. Leiden, weil die Beziehung zum Leben nicht mehr möglich ist ...
Die subjektiv empfundene Zerstörung der zweiten Grundbedingung erfüllender Existenz erzeugt das Gefühl des Nicht-

mehr-Mögens: nicht handeln mögen, nicht mehr genießen mögen oder können, keine Lust mehr haben und keinen Wert mehr empfinden. Dadurch wird die Fähigkeit blockiert, sich dem Wertvollen zuzuwenden, wodurch es zu einem Verlust der Lebensfreude kommt, mit Zunahme des Bedrücktseins, von Schwere- und Schuldgefühlen, von Sorgen und Kummer, was schließlich in eine Depression übergehen kann. Das Leiden in dieser Dimension ist der Verlust der Freude, des Genießens, der Freiheit für das Wertvolle, verbunden mit dem Gefühl, unter diesen Umständen nicht mehr leben zu können und zu mögen.

3. Leiden, weil das Eigene verloren geht …
Die subjektiv empfundene Zerstörung der dritten Grundbedingung erfüllender Existenz ist mit dem Gefühl verbunden, das Eigene/Wichtige nicht mehr leben zu können, nicht sich selbst sein zu können, sich nicht mehr zu kennen, sich fremd zu werden, nicht mehr auf andere zugehen zu können. Die Person wird nicht mehr angetroffen, die eigene und/oder die andere. Man fühlt sich verloren, verfremdet, unfrei. In diesem Fall ist das innere Gespräch mit sich selbst bzw. der begegnende Dialog mit anderen gestört. Das führt zur inneren Leere, zu einer selbstentfremdeten Gefühllosigkeit, zur Trostlosigkeit, die über einen anhaltenden Selbstverlust und bei entsprechender Schwere zu Persönlichkeitsstörungen des Selbst führt. Das Leiden in dieser Dimension besteht im Selbstverlust (Inauthentizität, Selbstentfremdung, Fremdbestimmung, Gewissensleid) und in der Einsamkeit.

4. Leiden, weil es keinen Sinn mehr hat …
Ist die vierte Grundbedingung erfüllter Existenz subjektiv gestört, so werden die Forderung und das Angebot der Situation nicht mehr gesehen. Es wird keine Aufforderung mehr empfunden, für einen größeren Zusammenhang etwas zu

tun. Es herrscht Resignation, Verzweiflung. Man sieht keine erstrebenswerte Zukunft vor sich, sieht keinen Sinn, der dem Leben eine Orientierung geben könnte und für den zu leben es sich lohnen würde. Das Gefühl herrscht vor, vergeblich zu leben, dass aus allem nichts wird, dass selbst die Erfolge wertlos sind. Sinnlosigkeit, Leeregefühl, »existentielles Vakuum« (Frankl, 1983), Verzweiflung bis hin zur Suizidalität sind die Folgen. Das Leiden in dieser Dimension besteht im Verlust der Zugehörigkeit zu einem größeren Zusammenhang, zu einer Zukunft, die Orientierung gibt und eine Entwicklung zu etwas Wertvollem aufzeigt.

Die Sinnfrage bricht beim Leiden regelmäßig dann auf, wenn die Zukunft verstellt ist. Bei schwerem Leiden ist ein Wert in der Zukunft natürlich schwerer zu finden, aber nicht ausgeschlossen. Darum kann auch dann noch trotz schwerem Leid ein Sinn gefunden werden. So kann zum Beispiel ein Sinn darin gesehen werden, eine Nacht voller Schmerzen still für sich durchzustehen und andere nicht zu belästigen; oder Sinn kann im Warten auf ein letztes Wiedersehen mit der Tochter liegen und anderes mehr. Insbesondere ist hier auch auf den Wert des Glaubens hinzuweisen, der einen Sinn jenseits aller Aufgaben von Situationen geben kann, so dass auch in schweren Lebenssituationen ein Horizont offen bleiben kann, der dem Geschehen ein tieferes Verständnis zu geben vermag.

Trotz dieses unbestrittenen Wertes von Glauben und Religion ist auch darauf hinzuweisen, dass ein falsch eingesetzter Glaube die Gefahr mit sich bringen kann, dass man sich der Wirklichkeit nicht stellt, die Wahrheit vernachlässigt und die unangenehmen Gefühle übergeht in der Absicht, dem Leiden entkommen zu können. Ehrliches, offenes Leiden ist aber notwendig, um die psychisch und geistig erfahrene Zerstörung integrieren zu können. Sonst bleibt das Leid abgespalten (»dissoziiert«) und kann

Grundlage für psychische und psychosomatische Beschwerden sein, die durch ihre Symptome indirekt auf die Notwendigkeit einer Bearbeitung des Leids hinweisen (Längle, 1994/2011).

Leiden und Verzweiflung

Das Verhältnis der existentiellen Dimensionen ist so zueinander, dass sie aufeinander aufruhen. Zum Beispiel beschreibt die dritte Dimension »sich selbst sein können« einen völlig neuen Inhalt, der vorher noch in keiner anderen enthalten war. Aber zu seiner vollen Entfaltung gehört, dass die erste und zweite Dimension vollzogen sind, nämlich gut dasein zu können in seiner Welt und ein gutes emotionales Leben zu haben, um eine gute Beziehung zu sich, zu seinen Gefühlen und zu anderen Menschen entwickeln zu können. Es ist daher bei jedem Sinnproblem zu prüfen, ob es durch das Fehlen eines größeren Zusammenhangs zustande kam, der Sinn verleihen könnte, oder ob das Gefühl der Sinnlosigkeit an der Blockade der Mittel für die *Sinnempfindung* liegt: am nicht Können (Verlust der Fähigkeiten im Umgang mit den Bedingungen), am nicht Mögen (Verlust der Lebensfreude und der inneren Kraft) oder weil es dem Eigenen nicht entspricht (Selbstverlust).

Wenn jemand ein Leiden zum Beispiel nicht mehr ertragen kann, weil er keine Kraft mehr hat, kann ihm seine Situation sinnlos vorkommen, weil sich für ihn keine Zukunft mehr in der Welt eröffnet – auch wenn dieser Mensch einen religiösen Sinn sieht und gläubig ist. Ist es ein echtes Nichtkönnen, brechen in der Folge meistens auch die weiteren Voraussetzungen für eine erfüllte Existenz zusammen: Er mag dann auch nicht mehr wirklich (»möchte« vielleicht schon), empfindet es nicht mehr als »seine« Aufgabe, und es ist nicht mehr zielführend, sich zu bemühen, die Anstrengung ist sinnlos geworden.

Tabelle 3: Sinnprobleme können in unterschiedlichen Dimensionen der Existenz gründen

Dimension der Existenz	Grundfrage der Existenz	Verlust (der zur Sinnfrage führen kann)
in der Welt sein können	Ich bin – aber kann ich sein?	die Fähigkeit im Umgang mit den Bedingungen
das Leben mögen	Ich lebe – aber mag ich leben?	die Lebensfreude und der inneren Kraft
selbst sein dürfen	Ich bin – aber darf ich so sein?	sich selbst sein können (Selbstverlust)
sinnvoll leben	Ich bin da – aber wozu soll ich da sein, wofür ist mein Leben gut?	eine erstrebenswerte Zukunft

Das Problem der Sinnlosigkeit eines Leidens ist also stets genauer zu verstehen und zu vertiefen. Hängt die Sinnlosigkeit tatsächlich in erster Linie mit der Blockade einer vorausgehenden Grundbedingung erfüllter Existenz zusammen, ist im Gespräch und in der Begleitung auf diese zurückzugehen, weil sonst die Sinnthematik das eigentliche Problem sogar verschleiern kann. Das wird im folgenden Beispiel deutlich.

Eine Leidensgeschichte

Ein Elternpaar verliert die Tochter am Tag ihres 21. Geburtstages durch einen Autounfall auf der vereisten Straße. Sie haben noch einen zwei Jahre jüngeren Sohn. Die Tochter hat im elterlichen Familienbetrieb mitgearbeitet, war die Hoffnung des Vaters und galt bereits als die designierte Nachfolgerin der Eltern im Kleinunternehmen. Sie war sehr lieb und hilfsbereit, zuvorkommend, geschickt und bei allen beliebt. Die Eltern hatten sich auf eine Zukunft mit ihr gefreut und entsprechend alles vorbereitet. Sie waren bereits auf eine Familie mit Enkeln eingestellt, die in der unmittelbaren Nachbarschaft wohnen sollte. Nun dieser schmerzliche Verlust, der mit dem Leben der Tochter auch ihr Leben zunichte machte.

Während die Mutter nach einem halben Jahr langsam aus dem betäubenden Schock aufwachte, verharrte der Vater in einer passiven Resignation. Für ihn hatte alles keinen Sinn mehr. Wofür noch arbeiten? Wofür noch leben? Es gab keine erstrebenswerte Zukunft mehr für ihn, so empfand er und so dachte er. Weder sein Glaube noch seine Familie und Frau, weder seine jungen Jahre (er war gerade fünfzig) noch seine Arbeit und die Kunden, weder seine Hobbys noch sein Innenleben hatten noch Bedeutung für ihn. Zu sehr schmerzte der Verlust.

Wenn die Verhältnisse so liegen, wenn wir also eine so reiche Welt bei einem Menschen sehen, in der ein Mensch steht, aber an ihr nicht mehr teilhaben kann, dann mangelt es an den ersten drei Grundbedingungen der Existenz. Dieser Mann konnte den Verlust dieses großen, zentralen Lebenswertes nicht annehmen, er kam nicht darüber hinweg. So war er depressiv geworden, kam nicht wirklich in die innere Bewegung der Trauer. Er hatte gerade noch die Kraft, um in seiner Arbeit »funktionieren« zu können. In seiner Abwehrhaltung war er nicht bereit, Medikamente zu nehmen oder in Gespräche zu gehen, um den Verlust zu verarbeiten. Er hielt an der Depression fest – als ob sie eine letzte, stellvertretende Verbindung mit seiner Tochter wäre, durch deren Tod sie ja entstanden ist. Es war ein irrationales Klammern, mit der Tochter dadurch in einer Art Beziehung bleiben zu können.

Zu dem dominierenden Verlust der zweiten Grundbedingung der Existenz – des Lebensbezugs – waren auch die anderen Grundbedingungen erfüllender Existenz in Mitleidenschaft gezogen. Neben dem Gefühl, unter diesen Bedingungen nicht sein zu können (was zur massiven Schutzhaltung und Starre führte aus Angst vor dem Vernichtetwerden), war mit der dritten Grundbedingung der Existenz ein Stück seines Selbstverständnisses weggebrochen: Wer war er nun selber, wo er seine Tochter nicht mehr hatte? War er noch derselbe nach dem Verlust eines so zentralen Lebensinhaltes, mit dem er sich identifiziert hatte? Und schließlich überrascht es nicht, dass er in so einer Blockade keine Zukunft mehr für sich sah, dass ihm alles sinnlos vorkam. Mit dem Tod des Kindes begann das Ende der eigenen Zukunft.

Doch hat ihm das Festkrallen am Schmerz auch einen Schutz vor dem Annehmenmüssen des Faktischen geboten. Das Nichtannehmen-Können erhielt nun eine Begründung. Es entbehrt nicht einer gewissen Logik und Vernunft, ein sinnloses Ereignis, das den Sinn des eigenen Lebens bedroht, nicht anzunehmen. Es erlaubt zugleich, das zerstörerische Ereignis auf Distanz zu halten, es von sich wegzuschieben. Richtet sich nämlich die Aufmerksamkeit auf die Sinnlosigkeit des Leidens und auf die Ausweglosigkeit der eigenen Zukunft, liegt es »an der Sache«, dass man sich nicht näher mit ihr auseinanderzusetzen braucht. Es sind einem gleichsam die Hände gebunden, man ist an nichts mehr »selbst schuld«, es liegt nicht an einem selbst, dass das Leben nicht mehr weitergeht. Man ist der Situation moralisch enthoben. Diese Haltung kann wie ein trotziger Vorwurf an das Leben wirken, von dem man sich abwendet, weil es einen vor eine unlösbare Situation stellt, so dass man nicht mehr bereit sein »kann«, sich auf das Leben einzulassen. Die Bedingungen sind zu schwierig, als dass man sie akzeptieren könnte. Wenn das Leben zu harte Bedingungen stellt, hört alles Verhandeln auf.

Dann aber setzt man sich nicht mehr mit dem Leid auseinander. Man ringt nicht um das Annehmenkönnen. Die *passive Haltung* wird verstärkt und man wartet auf eine Antwort auf die Fragen nach dem Sinn des Leides: Welchen Sinn hat dieser Verlust, wofür soll das gut sein? – Diese Frage nach dem größeren Zusammenhang (ontologischer Sinn), in welchem das Ereignis zu verstehen ist, ist für uns aber grundsätzlich unbeantwortbar. Hier können wir allenfalls glauben oder philosophische Spekulationen anstellen, aber Wissen haben wir keines mehr.

Das Festklammern an der ontologischen Sinnfrage und das Erzwingenwollen einer Antwort können die Abwehrhaltung verfestigen und das Problem von einem weghalten. Das führt in eine Stagnation, in der man sich persönlich nicht mehr mit dem Annehmenkönnen des Geschehens auseinandersetzt. Doch wäre nach der ersten Bedingung der Existenz zu fragen: Kann ich es überhaupt aushalten? Um dann zur zweiten zu gehen: Mag ich mich dem Verlust zuwenden? Und in der dritten Stufe zu fragen: Was ist mir persönlich wichtig? Schließlich können wir die existentielle Sinnfrage an uns herankommen lassen: Was machst du daraus, so dass vielleicht sogar etwas Gutes daraus wird?

3 Die personal-existentiellen Grundmotivationen in der Begleitung

Leiden aus einer existentiellen Perspektive ist gefühlter Existenzverlust. Abhängig davon, auf welchen Bereich der Existenz sich das Leiden bezieht, leiten sich unterschiedliche Begleitungsmöglichkeiten ab.

Grundlagen der Leidbewältigung

Mit den vier Dimensionen der Existenz haben wir ein Modell beschrieben, welches die Inhalte des Leidens aufzählt und gliedert. Es macht deutlich, woran der Mensch grundsätzlich leidet, wenn er leidet. Wenn wir nun die Inhalte kennen, können wir eine Brücke schlagen zu den Aktivitäten, die ein schrittweises Umgehen mit dem Leid ermöglichen. Denn mit den betroffenen Grundstrukturen der Existenz ist jeweils eine spezifische Aktivität verknüpft, die durch das Leiden blockiert ist:
1. Das Leiden kann seine Wurzel darin haben, dass es das eigene Sein in der Welt bedroht. Die Folge ist, dass man es nicht annehmen kann. Solches Leid ist mit Angst gekoppelt. Die Leidensbewältigung wird den Schwerpunkt darin haben, das Seinkönnen unter den neuen Bedingungen (zum Beispiel nach einer schwerwiegenden Diagnose) zu etablieren. Dies geschieht, indem wir Umschau halten und uns selbst bzw. den anderen fragen: Kann ich sein unter diesen Bedingungen, mit diesem Schicksal? Lässt es mich leben? Kann ich das überhaupt aushalten und ertragen?

2. Das Leiden kann die Ursache darin haben, dass es die Lebensfreude wegnimmt. Die Folge ist, dass man sich dem Leben und den Werten nicht zuwenden mag, dass man Gefühle nicht mehr zulassen will, weil sie zu schmerzlich sind. Dadurch entstehen leicht Depressionen. Schuld kann empfunden werden. – Dieses Leiden bringt die Notwendigkeit mit sich, das Leben unter den neuen Bedingungen (zum Beispiel nach dem Tod eines nahen Menschen) zu etablieren. Wir können uns selbst bzw. den anderen fragen: Ist es überhaupt gut, dass ich (noch) am Leben bin? Dass ich leben darf? Mag ich persönlich eigentlich leben und könnte ich die Umstände in Kauf nehmen?
3. Des Weiteren kann das Leiden dadurch entstehen, dass man seinen Selbstwert verliert, sich fremd wird, sich schämt. Die Folge ist, dass man sich so nicht sehen lassen mag, sich versteckt, nicht zu sich steht, das Gefühl hat, nicht so sein zu dürfen. Scham kann empfunden werden. In diesem Leid des Sich-verloren-Gehens entstehen hysterische Entwicklungen. Mit diesem Leiden geht es darum, das Sich-selbstsein-Können (zum Beispiel nach einer Vergewaltigung, nach einem Gesichtsverlust, mit einer Schuld) wiederzufinden. Wir können uns selbst bzw. den anderen fragen: Gibt es da noch etwas, das mir wichtig ist?
4. Leiden kann schließlich darin begründet sein, dass man keinen Zusammenhang mehr sieht, der dem Handeln oder sogar dem Leben als Ganzes einen Sinn gäbe. Entwicklung, Veränderung, Werden haben keinen Wert mehr, weil sie in nichts aufgehen. Die Folge ist, dass man sich nicht mehr abstimmt auf das, was ansteht, auf das, was auf einen wartet, auf das, was das eigene Engagement verlangt. Es fehlt dann die Offenheit für die Zukunft. Daraus können leicht Suizidalität und Sucht entstehen. Bei diesen Menschen geht es darum, den Zukunftsbezug und den Blick auf das Größere, Umfassen-

dere bis hin zum Metaphysischen aufzutun. Wir können uns selbst bzw. den anderen fragen: Kann ich etwas Gutes daraus machen? Kann durch mich etwas zum Besseren werden?

Modell zur schrittweisen Leidbewältigung

Um aus der Stagnation eines Leidenszustands und Rückzugs aus der Welt und aus dem Leben herauszukommen, ergeben sich aufgrund dieses Modells praktische Schritte. Diese Schritte sind bei allen Formen des Leidens anwendbar. Sie sind Grundlage für die Entwicklung eines inneren Friedens. Da sich das Leiden oft aus mehreren Leidensbereichen zusammensetzt, ist es hilfreich, sich als Begleiter auf alle möglichen Formen des Leidens vorzubereiten.

Leiden heißt aushalten und annehmen können

Ist das eigene Seinkönnen unter den geänderten Bedingungen der Grund des Leidens, geht es darum, an den Strukturen der Existenz zu arbeiten. Es soll das Seinkönnen wieder etabliert werden. Dazu ist es hilfreich, am Aushalten und Annehmenkönnen des Leides anzusetzen, um es als Gegebenheit ins eigene Leben integrieren zu können. Das ist deshalb so wichtig, weil sich keine erfüllende Existenz aufbauen lässt, die nicht auf der Realität aufruht. In der Wahrheit zu leben, die sich auf die Wirklichkeit bezieht, ist das Fundament für ein Leben, das auf solide und dauerhafte Weise Schmerz und Leid reduzieren oder wieder auflösen kann, weil man sich nicht an der anders gelagerten Wirklichkeit aufreibt. Sie stößt uns immer wieder vor den Kopf, wenn wir gegen die Realität leben.

Das schlichte Aushalten des Leides, des Schmerzes, eines Problems ist nicht mit Passivität gleichzusetzen. Es ist ein ganz basales »Können« des Menschen, ein Nichtweichen vom Platz, ein Dableiben. Ein Leiden aushalten oder gar als gegeben annehmen zu können ist wichtig, auch wenn es – zum Glück – noch oft genug veränderbar ist. Denn die Reihenfolge der Bewältigung ist so: Zunächst ist es da. Es geht daher zuerst darum, sich ihm zu stellen, es als gegeben anzunehmen. Um das zu können, müssen wir prüfen, ob wir genug Kraft haben und genug Halt verspüren, um das Leid schultern zu können. Aus-halten heißt nichts anderes, als das Leid zu tragen, es zu »halten« bis es »aus« ist. Aushalten bedeutet, das Leid als seines anzunehmen, bis es vorüber ist. Es bis zum Ende tragen.

Das verlangt viel Kraft, psychische Kraft, und eine Bereitschaft, das Unangenehme auf sich zu nehmen. Dabei ist einzuschätzen, ob das Leid einen selbst überleben lässt – nur dann kann man es sein lassen, als gegeben sein lassen, wenn man selbst genug Raum und Halt hat, um sein zu können.

> **Leiden heißt aushalten und annehmen können**
> *»Gott gebe mir die Gelassenheit, Dinge hinzunehmen, die ich nicht ändern kann, den Mut, Dinge zu ändern, die ich ändern kann, und die Weisheit, das eine vom anderen zu unterscheiden.«*
> (nach Franz von Assisi[10])
>
> - Kann ich dieses Problem überhaupt aushalten? Wie lange reicht die Kraft? Einen Tag? Eine Stunde? Auf unbestimmte Zeit? Bin ich überhaupt bereit, es zu versuchen? Oder wehrt sich alles dagegen?
> - Habe ich genügend Schutz, Raum und Halt? Fühle ich mich getragen und angenommen in meinem Leiden?
> - Wo kann ich gut und sicher sein? Was gibt meinem Leben jetzt Halt? Worauf kann ich mich bei mir selbst verlassen? Worauf

---

10 Urheberschaft umstritten; nach anderen Angaben von Reinhold Niebuhr.

kann ich auch in der Krise voll und ganz vertrauen? Was ist die wichtigste haltgebende Struktur in meinem Leben (Menschen, Bedingungen, Gedankliches)? Habe ich schon einmal gestaunt, dass es mich trotz der Krise gibt?

Schutz, Raum, Halt

Für viele Menschen im Leid stellt sich die Frage des Daseins: Kann ich unter diesen neuen Bedingungen in dieser Welt überhaupt sein? Habe ich noch Platz in dieser Welt, genügend Platz, damit ich »frei atmen« kann unter diesen Konditionen? Um sein zu können inmitten der Bedingungen der neuen und schmerzlichen Realität, bedarf es dreier Voraussetzungen: *Schutz, Raum* und *Halt*.

Was kann dem vom Leid Betroffenen Schutz geben? Was sind seine »psychischen Schutzwände« in der Krise? Psychischen Schutz erfahren Leidende dort, wo sie sich angenommen fühlen: beim Gesprächspartner, der ihnen zuhört, in der Beziehung, in der Arbeit, im Glauben. Im Angenommensein kann ein Aufgehobensein erlebt werden. Hier spielt auch die biographische Erfahrung eine wichtige Rolle, nämlich die Erfahrung, wie sehr die Person früher schon in ihrem Leben von wichtigen Bezugspersonen angenommen wurde bzw. wie viel Verunsicherung sie diesbezüglich in sich trägt.

Dasein braucht des Weiteren Raum – zunächst physischen Raum, der einem gehört und gewährt wird; auch psychischen Raum in der Welt, in der Familie, in der Arbeit, in der Lebensgeschichte, gegenüber den eigenen Problemen, Gedanken und Gefühlen. Halt kommt dem Menschen aus der Welt zu, aus allem, was sich ihm entgegenstellt und Widerstand gibt und somit Festigkeit und Stabilität beinhaltet (wie Boden, Regelmäßigkeiten, Strukturen). Halt kann in unterschiedlichen Bezügen erlebt werden und reicht vom Haltgefühl im physischen Bodenkontakt bis hin zum Gefühl, getragen zu sein von dieser Welt.

Tabelle 4: Unterschiedliche Bezüge und Halt-Erfahrungen (Längle und Bürgi, 2014, S. 88).

Welt	Ordnung, Struktur, Regelmäßigkeiten, Normen, Gesetze, Traditionen, Rituale, Beruf, Wohnung
Beziehungen	Nationalität, Heimat, Kultur, Verlässlichkeit, Treue, Verbindlichkeit, Unverbrüchlichkeit (da ist jemand – immer wieder, trotz allem), Unnachgiebigkeit
ich selbst	Vertrauen in sich selbst, Fähigkeiten, Mut, Körper, Lebenskraft, die Erfahrung, Ähnliches schon durchgemacht zu haben, zu sich stehen (Gewissen)
geistige Inhalte in der Welt	geistige Haltungen wie Hoffnung, Treue, Wahrheit, Glaube

Zusätzlich sind es die Erfahrungen mit den eigenen Fähigkeiten, mit der Verlässlichkeit von Einstellungen und Überzeugungen, die Klarheit der Erkenntnisse, die Zuverlässigkeit der eigenen Gefühle und schließlich der alles umfassende letzte Halt, der in einem Glauben gefunden werden kann: Sie alle können das Gefühl des Gehaltenseins vermitteln. Dies wird als Vertrauen empfunden und gibt den nötigen Mut zum Leben und zum Überleben im Schwierigen. Aus den Vertrauenserfahrungen mit anderen Menschen entsteht das *Urvertrauen*. Aus der Summe aller Vertrauenserfahrungen, die neben der zwischenmenschlichen auch den Halt und die Beständigkeit der Welt einschließt, bildet sich das *Grundvertrauen*. Es beruht auf der Wahrnehmung eines tiefen, letzten Gehaltenseins in der Welt, das wir ahnend empfinden und das wir als Seinsgrund bezeichnen können.

Sind diese Voraussetzungen erfüllt, kann sich der Mensch gesichert fühlen in der Welt, was ihm nicht nur Ruhe ermöglicht, sondern auch Festigkeit, Vertrauen und das Gefühl, »sein zu können«, und die Möglichkeit, sich am Seinkönnen aktiv zu beteiligen. Die Voraussetzungen machen es möglich, dass er das Dasein mit seinem Leid aushalten kann, weil genügend

Festigkeit in ihm ist, um dem Schwierigen und Schicksalhaften standzuhalten.

Annehmen und aushalten

Der Begleiter kann den Klienten aktiv bei der Schaffung dieser Voraussetzungen unterstützen, indem er sich mit ihm zusammen mit der Wahrnehmung des Gegebenen beschäftigt, es mit ihm in der Wahrnehmung versucht auszuhalten und als gegeben anzunehmen. Annehmen bedeutet, das, was ist, *sein lassen zu können*. Dies wird auf dem Hintergrund von Schutz, Raum und Halt möglich, weil es dem Leidenden erlaubt, neben dem Schicksalhaften leben zu können. Während das Aushalten in einer ganz basalen Form allein mit dem Tragen dessen beschäftigt ist, was gegeben (und nicht zu ändern) ist, meint das Annehmen bereits ein Schaffen von Raum und Schutz, um da sein zu können und nicht fliehen zu müssen.

Das zentrale Mittel, um dies zu erreichen, ist die Wahrnehmung, das genaue Betrachten dessen, was ist und wie es sich auf das eigene Dasein auswirkt. Gelingt dies nicht, treten Schutzreaktionen ein: Vermeidungsverhalten (Flucht vor den Tatsachen), Aktivismus (Ankämpfen gegen die Realität), Aggression (zerstörerischer Hass) und Totstellreflexe (Lähmung). Ist beides nicht möglich, wahrnehmendes Verarbeiten und/oder psychodynamischer Schutz, wird die Verunsicherung zur Angst. Daraus entwickeln sich alle Formen von ängstlichem Erleben.

Angst

Angst in Krise oder Leid ist ein häufig anzutreffendes Phänomen. Angst entsteht, wenn die haltgebenden Strukturen erschüttert sind.[11] Die Erschütterung, zum Beispiel der plötzliche Tod des

---

11 Angst ist allgemein das Erleben von Unsicherheit, Bedrohung oder Gefahr. Es ist ein Grundthema der Existenz. Phänomenologisch unterscheidet die

Partners, besteht in der Verunsicherung der Existenz. Das, was bisher Halt geboten hat und den Raum auftat, um dasein zu können (zum Beispiel die Beziehung zum Partner, das Selbstbild als verheiratete Frau, der soziale Status), ist in seiner Festigkeit und Verlässlichkeit erschüttert. Es ist die Erfahrung des »nichts ist sicher«.

Diese unmittelbare Begegnung mit der Erschütterbarkeit des fest Gefügten erzeugt das Gefühl der Grundangst. Die Möglichkeit des Nicht-sein-Könnens wird inmitten der Wirklichkeit sichtbar. Das »Nichts« bricht ins Dasein herein. Oft beschreiben es Betroffene, »als würde mir der Boden unter den Füßen weggezogen«, wodurch sie den Halt verlieren und ins bodenlose Nichts zu fallen drohen. Die Erfahrung der Brüchigkeit, Vergänglichkeit und Begrenztheit der Welt macht die potentielle Nichtigkeit der Existenz deutlich. Die Grundangst ist also eine Begegnung mit dem »Nichts«, es ist die Begegnung mit der reinen Haltlosigkeit, in der sich das Dasein des Menschen nicht mehr auffangen lässt. Das *Vertrauen* des In-der-Welt-sein-Könnens geht verloren.

Existentiell gesehen gehört die Grundangst zum Menschsein dazu. Aber unter besonderen Belastungen kann diese Grundangst aufgerührt werden und lebensbehindernd, lähmend, erschreckend oder panikartig Denken, Handeln und Fühlen beeinträchtigen.

Existenzanalyse zwei Formen der Angst: die Grundangst und die Erwartungsangst. Bei der Grundangst erlebt der Betroffene eine Erschütterung der elementaren Sicherheit, die Möglichkeit des Nicht-sein-Könnens in dieser Welt tut sich ihm auf. Bei der krankhaften Erwartungsangst (Phobien) ist es die Angst vor dem Nicht-umgehen-Können mit der Angst (die Angst vor der Angst). Entsprechend unterschiedlich sind die Zugänge bei der Begleitung und Behandlung. Bei der Grundangst geht es um das Vermitteln von Halt. Bei der Erwartungsangst ist es das Bearbeiten der lebenseinschränkenden (Vermeidungs-)Haltung mittels Konfrontation mit dem, was ängstigt.

Wie kann der Begleiter den Klienten in der Suche nach Halt unterstützen?

Grundangst – die Angst vor dem Bodenlosen – braucht in erster Linie Anwesenheit und Halt, damit der Halt in der Existenz neu erfahrbar und spürbar wird. Dazu gehören:

- Die Erfahrung vermitteln, dass jemand da ist und die Angst aushält:
  Es ist wichtig, dass jemand da ist (der Begleiter), der den Klienten mit seiner Angst sowie seine Angstschilderung aushält. Jemand, der zuhört, nachfragt, mitgeht, mitempfindet und nicht gleich mit Techniken und Therapien die Angst abwehrt. So kann der Klient den realen Halt erleben, aus dem heraus der Begleiter der Angst entgegentritt.
- Vertrauen, Regelmäßigkeiten, Strukturen schaffen:
  Der Begleiter bietet Regelmäßigkeiten und Strukturen an und arbeitet mit dem Klienten daran, eigene Strukturen und Regelmäßigkeiten in seinem Leben aufzubauen. Das Vertrauen, das sich daraus entwickelt, gibt dem Leidenden weiteren spürbaren Halt.
- Seinskontakt herstellen:
  Der subjektive Seinskontakt des Klienten wird gefördert durch ein genaues Hinsehen auf die Welt (wahrnehmen) und ihre Bedingungen; auf das, was gegeben ist und was passieren könnte; durch die Beschreibung der Probleme und die Beobachtung der Situationen, in denen Angst auftritt. Die Konkretheit entängstigt.
- Körperbeziehung anregen:
  Konkrete körperliche Erfahrungen zum Beispiel im Sport können weiteren Halt vermitteln. Auch Kenntnisse über auftretende körperliche Symptome der Angst können Halt geben, wenn sie dem Klienten erklärt werden und als normale Körperreaktionen verständlich sind. Auf sie wird nicht länger geachtet, weil sie nichts zur Haltfindung beitragen, sondern

im Gegenteil nur verunsichern. Ihre Erklärung genügt, weil sie nun nicht mehr als beunruhigende, eigenständige Größe dastehen, sondern als Begleitphänomen der Angst transparent werden. Manchmal bedarf es einer begleitenden ärztlichen Behandlung (Medikamente gegen die Angst).
- Fokus darauf, wo der Leidende benötigt wird:
Halt kann entstehen, wenn eine Hinwendung zu jenen Lebensbereichen und Aufgaben gelingt, wo der Klient benötigt wird. Dadurch kann er sich in ein Gesamtgefüge von Person und Welt eingliedern. Es ist das Hereinnehmen des äußersten Bezugsrahmens (der Rahmen gibt einen Halt), in dem sich der Klient versteht (Glaube, was nach dem Tod sein wird; die Frage nach dem letzten Prinzip, nach Gott oder Anderem).

»Angst um das eigene Sein ist ein Grundzug des erwachten Menschen [...]. Wo die Angst verschwindet, ist der Mensch nur noch oberflächlich«, schreibt Jaspers (1974, S. 67). Diesem Gedanken folgend ist Angst in einem existentiellen Verständnis mehr als nur ein Signal – sie ist die »via regia« in die Tiefe des Daseins. Gelingt die Begleitung, kann aus der verschreckenden und verstörenden Angst eine »sehende Angst« werden, die die Situation auf ihre Tiefe hin durchschaut und aus ihrer Gewöhnlichkeit das Grundsätzliche hebt.

So kann der tiefere Sinn der Angst einerseits darin liegen, all das zu finden, was dem Menschen Halt geben kann für dieses Leben auf dieser Welt; andererseits darin zu lernen, alles das lassen zu können, was aus der Welt stammt, und die Begrenztheit der Existenz zu akzeptieren. Nur wer letztlich das Leben lassen kann, kann sich in das Leben *ein*lassen. So können wir beginnen, »endlich« zu leben; können wir »endlich« beginnen zu leben.

Leiden heißt trauern können

Beruht das Leiden darauf, dass es die Freude am Leben nimmt, gilt es, das Mögen, das heißt die Beziehung zum Leben über viele kleine Schritte und dann auch durch eine Grundsatzentscheidung wieder zu etablieren. Voraussetzung dafür ist die Zuwendung zum Leid, zu den verlorenen Werten. Durch die Aufnahme der Beziehung, des Sich-Zeit-Gebens und der fühlenden Nähe wird die Trauer geweckt. In der Trauer erleben wir ein Berührtwerden durch das Leben selbst, das sich in uns wieder ankündigt. Durch die Zuwendung zum Verlust wird der Schmerz in der ganzen Tiefe gefühlt. Dadurch entsteht ein inneres Bewegtwerden, das sich als Weinen äußert und zu einer mitfühlenden Nähe zu uns selbst einlädt. Um das zu können, brauchen wir selbst Beziehung und Nähe, die wir entweder in ausreichendem Maß schon erfahren haben und daher in uns tragen oder in der leidvollen Situation durch die Zuwendung anderer Menschen erhalten.

Leiden heißt trauern können
»In den Tiefen des Winters erfuhr ich schließlich, dass in mir ein unbesiegbarer Sommer liegt.«
(Albert Camus)

- Welche Gefühle macht mir dieses Leid? Tut es sehr weh? Kann ich diese Gefühle halten?
- Bin ich bereit, mich mit ihnen auseinanderzusetzen? Sie zu mir zu nehmen, mit ihnen zu leben, weil sie zu mir gehören und zu dem Verlust? Weil sie mich mit dem Verlust verbinden und mit meinem Leben? Mag ich leben, auch mit ihnen? Trotzdem?
- Habe ich genügend Beziehung, nehme ich mir genug Zeit, finde ich genug Nähe zu Wertvollem, um mit den Gefühlen sein zu können? Vielleicht kann ich mit der Zeit fühlen, wie mich diese Gefühle mir nahebringen, meine Beziehung zu mir vertiefen?

- Was ist das Lebenswerte, das mir verloren geht? Was bedeutet die Situation für mein Leben? Was tut mir weh, was ist mein Leiden? Was sagen meine Tränen? Wie sorge ich für mich, wenn ich traurig bin? Was brauche ich? Was tut mir gut?

Beziehung, Zeit, Nähe

Menschen in leidvollen Situationen haben einen Mangel an subjektiv erlebten Werten. Wenn Werte fehlen, verloren gehen oder zerstört werden, fehlt die »geistige Nahrung« und es kommt zur Ausdünnung der Beziehung zum Leben, denn Wertemangel schwächt die Beziehung zum Leben. Die Klienten erhalten dann die Botschaft vom Leben, dass es nicht gut aussieht mit dem Leben, dass Leben vielleicht gar nicht gut ist, dass es an sich vielleicht gut sein könnte zu leben, theoretisch, grundsätzlich vielleicht, aber dass es das Leben mit ihnen selbst nicht gut meint. Es geht also nicht um die Frage des Dasein-Könnens (Kann ich unter den neuen Bedingungen überhaupt sein?), sondern um die Frage des Leben-Mögens (Gibt es in meinem Leben aktuell noch genügend Wertvolles, das mein Leben lebenswert macht?). Um die Beziehung zum Dasein aufzunehmen und zu erhalten, braucht der Mensch *Beziehung, Zeit* und *Nähe*.

Beziehungen schlagen die Brücke zum Leben. Da, wo wir uns einlassen und in einem förderlichen Austausch mit dem Dasein stehen, fühlt sich Leben »gut« an. Erst in der Beziehung kann Werterleben stattfinden. Beziehungen sind wie eine Struktur; sie stecken den Rahmen ab und geben Schutz für das Sich-berühren-Lassen vom anderen (von Menschen, Objekten, auch von sich selbst).

Auf der Basis des Bezogenseins entsteht das Erleben der Zeit. Lebt der Mensch seine Fähigkeit, sich zu beziehen, so schenkt er Zeit und wertet damit die Beziehung durch den Einsatz eines Teils seiner eigenen Lebenszeit auf. Existentiell betrachtet findet Leben nur dort statt, wo man sich Zeit nimmt, das heißt, wo man so Kostbares wie die eigene Lebenszeit investiert. Zeit ist Nahrung für die Beziehung – auch zu sich selbst. Zeit ermöglicht das Aufkommen von emotionalen Schwingungen, erlaubt Genuss und Freude wie auch das Fühlen von Leid und Schmerz. Die Zeit ist der Raum der Beziehung.

Das Aufkommen von Schwingungen kann noch intensiviert werden durch das Aufnehmen von Nähe zu den jeweiligen Objekten, Themen oder Menschen. Durch die Nähe entsteht ein Kontakt, und der berührt. Es »drückt« sich der Gegenstand in das eigene Erleben ein und erzeugt die korrespondierende Gestalt im Gefühl: Gutes ruft ein positives Gefühl hervor, Schlechtes (Unwertes) führt zu negativen Gefühlen. Gefühle sind erlebte Bewegungen des Lebens. Sie erlauben die Wahrnehmung von Werten, das heißt der Bedeutung, die die Objekte für das eigene Leben haben.

Zuwendung

Die drei Bedingungen Beziehung, Zeit und Nähe schaffen die Basis für Zuwendung – um Zuwendung zu geben wie auch zu erhalten und annehmen zu können. Zuwendung ist jene Aktivität, durch die sich das Leben entfalten kann. Schon Buber (1973, S. 65 f.) meinte: »Wo keine Teilnahme, ist keine Wirklichkeit.« Durch (aktive und/oder passive) Zuwendung erhält der Mensch das Gefühl, dass er tatsächlich lebt. Sie bringt die Tiefe des Lebens in der Person selbst in Schwingung. Das Erleben des Lebens beinhaltet eine Information über den Wert des Lebens. Diese Information stellt die Basis für die Grundhaltung zum Leben dar, die in Phasen von Leid und Krise oft negativ gefärbt ist. Fehlen die Voraussetzungen, um Zuwendung (die emotionale Aufmerksamkeit) geben oder erleben zu können, führt dies zu spontanen Schutzreaktionen, die vor allem im Rückzug und in der Abwendung bestehen. Wenn Verluste personal verarbeitet werden, geschieht dies über den Prozess des Trauerns. Gelingt das nicht, so führt das Gefühl des Lebensverlustes zu ständiger Belastung und früher oder später zu depressiven Gefühlen und Störungen.

Tabelle 5: Impulse zur Förderung der Zuwendung als Voraussetzung für das Werteerleben

Zuwendung unterstützen	Unterstützung durch den Begleiter
allgemeine Fragen	• Was verbindet Sie im Moment mit dem Leben? • Wie fühlt sich Ihr Leben heute an? • Wovon haben Sie sich heute schon berühren lassen? • Wo fühlen Sie sich im Moment »lebendig«? • Wie sind Sie heute in Ihrem Leben da?
Beziehung	• Haltung der Offenheit (der offene Kontakt lässt den anderen bei sich ankommen und fördert damit die Beziehung) • in die Beziehung eintreten, sie aufnehmen durch Zuwendung, Interesse • den inneren Dialog des Klienten begleiten (Wie ist es für Sie? Wie erleben Sie es? Wie geht es Ihnen damit? Was denken Sie? etc.)
Zeit	• sich Zeit nehmen (Zeitdruck vermeiden) • Verweilen (auch bei schwierigen oder belastenden Themen), nachfragen, wiederholen • Termine einräumen – für den anderen Zeit haben
Nähe	• Empathie, mitfühlen • zugewandte Nähe halten, sie aushalten können – aber ohne Aufdringlichkeit (die eigenen Grenzen kennen) • innere Bewegungen verbalisieren (Was ich jetzt erlebe, ist ...) • Einladen (»Ich mag Ihnen nahe sein bei dem Thema«) • Nähe zu Werten pflegen (erlebtes Gutes, Erinnerungen)

Trauer – eine besondere Form der Zuwendung

Wie kann der Klient darin unterstützt werden, die Beziehungen zum Leben wieder aufzunehmen, es wieder zu mögen? Dafür ist die Begleitung in der Trauer eine wichtige Hilfe. Trauer ist keine Schutzreaktion und noch viel weniger eine Krankheit, sondern die personale Umgangsform mit einem Verlust (von Lebenswertem). Und weil dies eine personale Handlung ist, stellt Trauern den adäquaten Verarbeitungsprozess dar, um sich dem Leben wieder zuwenden zu können. Trauern ist eine Zuwendung zum Verlust und zu sich selbst angesichts der neuen Situation. In dieser Zuwendung zum Lebensunwerten öffnet sich der Leidende und kann sich wieder »vom Leben berühren lassen«. Denn durch den Verlust ist das Leben subjektiv »ärmer« geworden, etwas ist »gestorben«, was auf Kosten der Beziehung zum Leben bzw. des Gefühls von Lebendigkeit geht. So steht der Trauernde vor der Frage: Kann das noch ein gutes Leben werden, kann es überhaupt noch einmal gut werden in meinem Leben, wenn ich diesen Menschen (diese Beziehung, diese Arbeit, dieses Projekt) verloren habe? Mag ich da noch leben? Gibt es noch eine Hoffnung – und bin ich eigentlich willens, mit so einem kaputten Leben weiter zu leben?

Krise und Leid machen die Lebensbeziehung schwierig und stellen den Menschen vor solche existentiellen Fragen und Aufgaben, die es zu lösen gilt.

Trauern bedeutet, Nähe zu sich aufzunehmen. Man lässt seine Gefühle ungehindert zu und hält aus, was in einem aufsteigt. Trauern beginnt mit einem *Lassen:* Man lässt ab und lässt sein, was da ist. Man lässt sich sein in dem, worin man steht, um dann einen Schritt weiter zu gehen und sich bei sich aufzuhalten, sich zuzuwenden und die Beziehung zu sich zu fühlen. Die Leistung dabei ist, sich nahe zu bleiben trotz des Leidens. Auf sich zu achten, sorgsam mit sich zu sein, sich selbst zu gestatten anstatt zu verwehren. Das ist die Basis, wodurch Wärme in einem aufkommen kann.

Auf dieser Basis lässt man die Situation auf sich *wirken.* Unter diesem Einfluss kommt ein Fließen in einem auf. Diese Zuwendung ist wie ein Mantel, in welchen man seine wunde Seele hüllen kann. Trauern ist ein Beziehungsschub, zum anderen wie zu sich selbst. Die Beziehungen werden verinnerlicht und vertieft. Man spürt wieder seine Lebendigkeit. Das gibt Kraft – Kraft zum Leben, bald auch wieder Lust zu leben.

Trauern ist zwar eine Aktivität, aber nicht eigentlich »Arbeit«[12]. Es ist vergleichbar mit einem natürlichen »Wundheilungsprozess«, der dann besonders schmerzt, wenn man sich dagegen sperrt, weil man den Verlust nicht annehmen (aushalten) kann und/oder das Gefühl hat, nicht mehr zum Leben kommen zu können. Gerade darin besteht ein großer Teil des inneren Vorgangs beim Trauern, nämlich zu prüfen, ob man den Verlust überhaupt tragen kann oder ob die Beziehung zum Leben so zerstört ist, dass man keine Hoffnung mehr hat und eigentlich nicht mehr wirklich leben mag. Letztlich geht es um eine Entscheidung, nämlich ob man noch *bereit* ist, mit diesem Leben weiterzumachen.

Als Grundlage des Trauerns steht ein Prozess des Annehmens und (Zu-)Lassens (vgl. »Annehmen und aushalten«, S. 59) noch offen, sonst kann trauern nicht beginnen. Im Kern ist trauern aber viel mehr: ein Prüfen, ob das Leben seinen Wert behält und man selbst Lust und Freude hat, sich auf das Leben wieder einzulassen. Um dies klären zu können, braucht es Zuwendung. Zunächst Zuwendung zu sich selbst und von sich selbst (Zuwendung von anderen kann die eigene Zuwendung verstärken, aber nicht ersetzen).

Existentiell gesprochen ist diese Selbstzuwendung der *innere Keimpunkt des Lebens,* weil es der Ort ist, wo die Grundbezie-

---

12 Deshalb ist in einem existentiellen Verständnis empfohlen, nicht von »Trauerarbeit« zu sprechen, um nicht eine *Machbarkeit,* unpersönliche Sachlichkeit oder gar den Einsatz von Methoden/Techniken zu suggerieren, was das Trauern dann auch noch pathologisieren könnte.

hung zum Leben entsteht: wo das tiefste Berührtsein vom Leben stattfindet.[13] Aus der Nähe zu sich selbst entsteht das innere Berührtsein, aus dem die Trauer aufkommen kann. Im Gegenzug: Bei Zuwendung zu positiven Inhalten (Werten) entstehen Freude, Genuss, vertieftes Erleben, Lust und Kraft. Zuwendung hat eine Intensivierung der Gefühle zur Folge und verbindet das Erlebte mit der eigenen Lebenskraft. Genau das geschieht auch in der Trauer, es ist derselbe geistige Prozess. Schon Thomas von Aquin (Illhardt, 1982, S. 79; 281) hat in der Trauer den Ausdruck einer »intakten Natur« des Menschen gesehen, wodurch trotz des Verlusts die »Streberichtung auf das Gute« weiterhin behalten werde.

Der Trauerprozess

Der Trauerprozess beginnt
1. mit der *Haltung des Seinlassens* und des Aufgebens des Sichdagegen-Wehrens. Erst das führt zur Ruhe, wenn man die Realität sein lassen kann. Denn solange man sich wehrt, lässt man die Realität nicht sein. Durch das Annehmen der Realität wird der Verlust zur Tatsache. Das hat eine Rückwirkung auf einen selbst: Man kommt damit auch selbst wieder an im Dasein. Wie ist das zu verstehen? Annehmen ist eine Entscheidung. Indem ich es sein lasse, vielleicht sogar an mich heranlasse, tritt es in meine Wirklichkeit ein. Zwar ist es sowieso da, aber nun *lasse* ich es auch da sein. Die Dinge sein lassen ist ein Bejahen der Dinge in ihrem Sein. Sie sind da, aber ich mache sie zu einem Teil meiner Wirklichkeit, indem ich sie annehme – zu derselben Wirklichkeit wie jener, in der ich schon stehe und mit der ich befasst bin. Anders ist es beim

---

13 Der Vollständigkeit halber: Der »äußere Keimpunkt des Lebens« liegt in der Zuwendung durch andere. Das kann das Trauern in der Gemeinschaft oder in Begleitung in gewissen Abschnitten noch intensiver machen.

Sichwehren: Es darf dann nicht sein, was schon eingetreten ist; auch solange man hadert, wird nicht wirklich angenommen. Annehmen ist dagegen der Ausdruck der Zustimmung zum Faktum, dass es da ist und zu meiner Welt gehört.

Dieses Annehmenkönnen ist existentiell so relevant, weil es mich mehr in die Welt bringt. Mit dem Annehmenkönnen – das heißt mit dem Sein-lassen-Können – endet das Nicht-wahrhaben-Wollen (vgl. die Phasen von Kübler-Ross, 1969). Meistens muss man noch mehr lassen als die verlorenen Dinge: Vorstellungen, Erwartungen, Sehnsüchte, und vielleicht gesellen sich Ängste dazu. Obwohl da zunächst nur Ohnmacht dem Äußeren gegenüber ist, ist etwas trotzdem möglich: Man kann bei sich bleiben, sich nahekommen. Im Sich-langsam-näher-Kommen wird es innerlich warm.

Trauern braucht die Erfahrung der Zuwendung durch sich. Es kann hilfreich sein, wenn diese Zuwendung zu sich durch andere begleitet oder vielleicht angestoßen wird; der Gläubige mag ein Gefühl der Zuwendung von Gott her kennen und fühlen. Es ist meistens leichter, wieder vom Leben berührt zu werden, wenn eine sorgende, mitfühlende Person da ist, die einfach die Beziehung zu einem hält.

2. Sobald man sich auf diese Weise berühren lässt und sich so sich selbst zuwendet, kommen *Tränen* auf. Sie lockern langsam die Starre auf und lösen den Schock oder die Verhärtungen, wenn sich bereits Schutzreaktionen gebildet haben (zum Beispiel Rückzug aus Beziehungen zu anderen, Aktivitäten als Ablenkung, um sich nicht den eigenen Gefühlen zuwenden zu müssen, Wut oder gänzliche Abkühlung der Gefühle). Man ist in der Haltung des Sich-berühren-Lassens und der Selbstzuwendung, was zu innerer Wärme und innerem Leben führt.

Im Aufkommen der Tränen geschieht für den Trauernden etwas Wesentliches: Tränen sind eine Flüssigkeit, mit ihnen wird daher ein Fließen spürbar – und damit kommt Bewegung ins Erleben. Tränen stammen aus dem Quellpunkt des Lebens. Wenn Tränen kommen, rührt sich etwas im Trauernden. Wenn sich da etwas rührt, ist Bewegung da – das bedeutet, dass dann noch Leben da ist. Durch die Zuwendung zum Verlorenen wird das eigene Leben berührt, das sich wieder meldet und sich ankündigt und einem damit sagt: Was wie tot aussah, was sich so leblos anfühlte – es ist nicht so. Ich, dein Leben, bin bei dir und ich rühre mich, wie du fühlst. Du bist nicht allein. Da ist noch immer dein Leben! Es ist trotzdem da, obwohl der Trauernde glaubte, es verloren zu haben. Mitten im Zweifel, ob man noch leben kann und mag, erreicht einen durch die Träne eine Antwort vom Leben selbst, das einen wieder durchflutet: Die Träne ist das wiederkehrende Leben, das den Weinenden wieder in die Welt bringt – gerade so, wie es Faust sagte, als er das Giftflacon von den Lippen nahm unter dem Eindruck der anhebenden Osterglocken: »Die Träne quillt, die Erde hat mich wieder« (Goethe: Faust I, Vers 784).

3. Auf dieser fühlenden Basis beginnt der Trauernde nun *mit sich zu sprechen* (innerer »Zu-spruch«), wie zum Beispiel: Lass dir Zeit ... du weißt, das muss jetzt wehtun – das war jetzt einfach zu viel. Aber es wird schon wieder ... Es setzt ein vorsichtiger, zärtlicher Umgang mit sich ein. Man redet wie eine gute Mutter zu sich. Das gibt Trost. Zum Heilwerden braucht man die eigene *Zärtlichkeit*. Wenn aus der Wortlosigkeit langsam ein inneres Sprechen aufkommt, erhält die Wunde gleichsam eine Naht durch das Mitgefühl und das innere Sprechen, was die klaffende Wortlosigkeit ablöst und ermöglicht, dass die Wunde wieder zusammenwachsen kann.

Das Fließen des Lebens (die Träne) wird von der Person (durch einen inneren Dialog) aufgefangen. Im Weinen hat das Leben zu mir zu sprechen begonnen – nun ist es wichtig, dass *ich zu mir* spreche. Das geschieht im »Selbstmitleid« (Mitgefühl für sich selbst in der Art »Ich Armer«). Die Ablehnung von Selbstmitleid ist eine häufige Ursache, warum das Trauern an der Stelle blockiert ist. Im Aufnehmen der Fühlung zu sich selbst wird die Beziehung zu sich selbst wieder ins Leben gerufen. Dieser Schritt geht über in eine vollständige Zuwendung zu sich, die zur Wiederaufnahme der Selbstfürsorge führt. In dieser gelebten Selbst-Verantwortung wird die Zuwendung zu sich praktisch: Was tut einem gut, was braucht man jetzt, was hilft zum Heilwerden? Speziell Ruhe, aber eventuell auch Gespräche, Beziehungen, Natur und so weiter können hier helfen.

4. In der Schlussphase geht es um das *Heben des Blicks* von sich weg, um wieder *in die Welt* zu schauen. Ausgehend vom Blick auf das Verlorene werden der Verlust und seine Konsequenzen konfrontiert mit dem erlebten Wert des Lebens. Man steht im Grunde vor der Frage, ob unter diesen neuen Bedingungen und mit dem erlebten Verlust, aber nun getragen von der erlebten inneren Bewegung, den Tränen und dem Zuspruch, das Ja zum Leben wieder gefunden werden kann. Bin ich bereit, es wieder anzugehen? – Und wie jetzt? Was wird anders sein? Mag ich es wieder angehen, weiter versuchen, dieses Leben?

Wichtig in dieser Phase ist die *Erhaltung der Beziehung* zum verlorenen Menschen oder Objekt. Trauer führt nicht zum Beziehungsverlust, sondern im Gegenteil zur Verinnerlichung der Beziehung. Man muss die Liebe nicht aufgeben, sie ist nicht erloschen, sie kann und darf weiterleben. Die Beziehung bleibt erhalten, nur die Form, wie sie gelebt wird, ändert sich. Wenn man einmal gespürt hat, dass man trotz des Verlustes sein kann und dass es trotz des Verlustes noch Leben gibt in einem, dann ist es einem auch möglich, die Beziehung zum verlorenen Wert zu erhalten. Wenn man das nicht fühlen würde, dann müsste man sich trennen von ihm, weil der verlorene Wert einem sonst das Leben ständig blockieren würde. Doch die Berührung mit dem Geheimnis des Lebens macht es möglich.

So können wir mit Blick auf diese Möglichkeit mit Fug und Recht dem Trauernden sagen: »Es wird schon wieder gut«, weil es im Grunde ein Hinweis ist, dass diese Entwicklung offen ist und dass wir das, was möglich ist, nicht machen können: dass sich das Leben wieder einstellen wird[14]. Dies geschieht dann in der Aufnahme *weiterer Beziehung zu neuen Werten*. Im Sich-anfragen-Lassen, wo es einen braucht, was durch einen nun werden soll, im Anknüpfen an den früheren Interessen und Bezügen ist man wieder freigegeben für das Leben. Wenn nun wieder Wert empfunden werden kann bei dem, was man tut, und man sich nicht gegen Beziehungen wehrt, sondern sie aufgreifen kann, wird die innere Berührung durch das Leben nun auch von der Berührung von außen ergänzt.

Wichtig für den Begleiter
- Trauerbegleitung ist ein Begleiten von Mensch zu Mensch, von Person zu Person. Keinesfalls darf gedrängt, etwas verlangt oder erwartet werden – es ist ein Mitgehen, nicht ein Vorangehen.
- Die Begleitung besteht in einer doppelten Zuwendung: Zuwendung zum Trauernden als Person (Empathie) und zum Verlust (Verständnis).
- Für diese nahe Beziehung zum Leben ist es wichtig zu wissen, dass Trauer und Schmerz nicht lebensfeindlich sind, sondern

---

[14] Und sollte es nicht gut werden, ist es auch gut. Denn dann ist meine Zeit vorbei. Es wäre mühsam, weiterleben zu müssen, wenn die Zeit schon vorbei ist. Die existentielle Tragik bestünde darin, wenn ich nicht mehr sagen könnte: *Es wird gut!*

überraschenderweise auch Leben hereinbringen, wenn wir uns dem Schmerz zuwenden können (sofern er erträglich ist). Durch das Erleben, dass Leben trotz des Verlustes gut sein bzw. wieder gut werden kann, kann eine gelöste Beziehung zur Trauer und zum Schmerz entstehen, weil diese eingebettet sind in ein letztlich Gutes.
- Trauer ist nicht zu verwechseln mit Depression. Diese kann aus nicht stattgefundener, ausstehender Trauer entstehen. Trauer hingegen ist eine adäquate, personale Haltung der Offenheit zur Verarbeitung eines Verlusts. Der Trauernde *will* traurig sein (Trauer ist »stimmig« zur Situation), der Depressive will hingegen nicht depressiv sein – dies dennoch erleben zu müssen macht den Krankheitswert aus.[15]
- Ein gelungener Trauerprozess mündet in die Erkenntnis und in das Erleben: Ich habe verloren – aber ich habe dadurch ein Leben wieder gewonnen. Der Trauernde beginnt zu spüren, dass er im Leben aufgehoben und geborgen ist. Dieses Geschenk des Lebens kann ihn innerlich froh machen, denn was er erlebt, ist etwas ganz Echtes, das ihn innig an das Leben heranführt und die Lebensbeziehung auffrischt.

---

15 Im existenzanalytischen Verständnis ist Depression eine Störung des Wertefühlens. Sie ist verbunden mit einer ablehnenden Haltung zum Leben – existentiell formuliert: Es ist nicht gut, dass es mich gibt. Im Unterschied zur Trauer, die zur Wiederherstellung der Beziehung zum Leben führt, ist die Depression ein anhaltender Zustand, bei dem der Wert des Lebens nicht erlebt werden kann. Darin liegt auch das Leiden des Depressiven: Er lebt in der Beziehungslosigkeit und fühlt sich vom Leben getrennt, weil er in einer Grunddimension der Existenz scheitert (leben mögen). In diesem Verständnis hat die Depression einen großen Wert und vielleicht sogar ihren Sinn. Sie hält den Betroffenen davon ab, das Leben in der bisherigen Weise weiterzuleben, sie drängt ihn, sich ihm neu zuzuwenden.

Der Sinn von Trauer

Gelingt es dem Klienten, sich seinem Dasein unter den aktuell schwierigen Umständen zuzuwenden, so kann das zwar momentan sein Leiden verstärken, so wie die Behandlung einer Wunde kurzfristig mehr schmerzt, als wenn sie nicht berührt wird. Die Zuwendung aktiviert das Leid. Sie kann verschiedene Reaktionen, auch aggressive Impulse auslösen, wenn das Leid zu viel wird, stößt aber früher oder später die Tränen an und führt so in die Trauer hinein. Durch das Halten der Beziehung zum Dasein auch unter den widrigen Umständen bleibt die Verbindung erhalten, durch die das Leben fließen kann. Dies bildet die Brücke, um wieder ins Leben zurückzukehren. Nicht lustvoll zwar, sondern im Gegenteil. Leidvoll, schmerzlich, belastend fühlt sich das verlustige Leben an, aber immerhin ist Leben zu fühlen, ist es erhalten und wird die Beziehung zu ihm wieder gestärkt. Denn dies ist der Sinn von Trauer: die Erhaltung der Beziehung zum Leben.

Tabelle 6: Abschnitte in der Trauerbegleitung

Abschnitt	Aufgabe	Beispiel
da sein und (wortlose) Anwesenheit	wahrnehmen und aufnehmen von Gefühlen	Wie geht es Ihnen damit – Wie ist das für Sie – Wie wirkt sich das auf Ihr Leben aus – Was verändert es? (Es kann hilfreich sein, das Gespräch mit dem Einholen von Informationen zu beginnen: Was ist passiert – wann – wie? etc.)
Zuwendung und Nähe geben		
mitfühlen (der Trauernde soll fühlen können, dass er verstanden wird und der andere mit ihm ist)	Emotionen leihen und ansprechen	Es ist unbeschreiblich – wie soll man mit sowas fertig werden?

Abschnitt	Aufgabe	Beispiel
Trost, Zuspruch	den Trauernden »zu sich bringen« in der Haltung des Lassens: Ich bin da, Sie sind da und wir bleiben beieinander.	Ja, jetzt geht es Ihnen wirklich nicht gut. Lassen Sie es ruhig mal so sein. Es kann Ihnen jetzt nicht gut gehen.
be-sorgen	sich um das Wohlergehen des Trauernden kümmern	Gibt es Menschen, die Ihnen etwas abnehmen können (für jemanden sorgen ist mehr als Organisieren – es ist Zuwendung)?
Arbeit an der Beziehung zum Verlust		
Verinnerlichung der Beziehung	Weiterführung der Beziehung auf einer anderen Ebene	Was hat dieser Mensch für Sie bedeutet – Welche Beziehung können Sie jetzt noch zu ihm haben? – Gibt es Dinge, die in seinem Sinne sind und die Sie für ihn weiterführen möchten?
Zukunftsperspektive	auf neue Beziehungen und Werte zugehen	Wie weiter – was ändern? Welche Wertebezüge haben Sie? Welche können neu aufgenommen werden? Wo braucht Sie das Leben?

Es ist für den Begleiter wichtig, dass er selbst keine Angst vor der Trauer hat. Angst verleitet dazu, zu viel zu machen – ein häufiger Fehler in der Begleitung von Trauernden. Trauer ist ein intimer Prozess, in welchem sich das Leben wieder einstellt. Es braucht den Begleiter als Person und nicht als Methodiker oder Macher. Dieses Selbstverständnis ist aber nur möglich, wenn er selbst Trauer als heilsam und wohltuend kennt, als Quelle des Lebens, als wachstumsfördernd.

Leiden heißt bereuen können
Wenn das Leid darin liegt, sich entfremdet zu haben, das heißt, seine Identität, sein Selbstsein verloren zu haben, befindet man sich in der Trostlosigkeit des Sich-verloren-Gehens, dann geht es nicht um die Trauer über einen verlorenen Wert, sondern um den Verlust dessen, was wir als richtig und als zu uns passend ansehen. Dann geht es um das Echte, um das zu uns Passende und/oder das, was wir als ethisch verantwortlich empfinden. Darin ist das Personsein begründet, das Sich-selbst-Bleiben, das durch das eigene Verhalten verloren gegangen ist. Dazu ist die Begegnung mit der Person unerlässlich – und vor allem mit der eigenen Person in der eigenen Intimität. Oft ist auch die Begegnung mit einer anderen Person hilfreich, um sich wieder zu finden. In der Begegnung findet sich die Person, kann sie ihr Wesen sehen, spüren, verdichten und greifen. Sich so wiederzufinden geschieht in spezifischen personalen Prozessen, nämlich im *Bereuen, Verzeihen* und *Versöhnen*.

Bei all diesen personalen Prozessen findet eine Begegnung mit sich selbst statt, ein Sich-in-Empfang-Nehmen, ein Wiederfinden seines Wesens, des Echten, in der oft schmerzlichen Abgrenzung von dem, was man falsch gemacht, wo man sich geirrt hat, sich hat verführen lassen, oder was einem widerfahren ist durch andere – was jedenfalls zum Verlust des Eigenen geführt hat (zum Beispiel wenn man bereut, einem geliebten Menschen vor seinem Tod nicht mehr gesagt zu haben, dass man ihn liebt, oder wenn man jemandem eine Kränkung verzeiht, die einen lange geschmerzt hat). Während für die Trauer die Nähe und das Mitfühlen durch andere Menschen hilfreich sind, sind im Fall des Bereuens oder Verzeihens bzw. Versöhnens die respektvolle Begegnung, das sich In-die-Augen-Schauen, das Distanzgewinnen hilfreich.

> **Leiden heißt bereuen können**
> *»Ein Herz, das nicht verzeihen kann, wird keinen Frieden finden.«*
> (Albert Schweitzer)
>
> - Was halte ich von dem, was mir da zugestoßen ist bzw. was ich da gemacht habe?
> - Kann ich noch *ich* sein in meiner Verletztheit, in meiner Fremdheit? Kann ich trotz des Verlustes, des verwirkten Wertes, ja zu mir sagen?
> - Kann ich dazu stehen, kann ich mich sehen lassen damit und mich trotzdem schätzen, oder schäme ich mich dafür? Was soll ich tun, damit ich mich (wieder) achten kann?
> - Was entspricht mir, was ist echt – wer bin ich eigentlich?

Beachtung, Rechtfertigung, Wertschätzung

Erfahrungen von Verlust und Unrecht betreffen immer auch den Selbstbezug: Selbstzweifel, Schuldfragen, Gerechtigkeitsfragen, Selbstwertfragen wie »Warum gerade ich?«, »Was ist seit dem Verlust von mir noch übrig geblieben?« können aufbrechen. Man ist persönlich betroffen von der Zerstörung von Eigenem und von Wichtigem. Existentiell gesehen geht es um die Frage des Selbst-sein-Dürfens, des Sich-selbst-(Wieder-)Findens inmitten der schmerzlichen Ereignisse, die einem die Identität geraubt haben. Man steht vor der Frage: Wer bin ich (noch) nach dem, was ich da gemacht habe?

Das Problem betrifft die Ebene der Identifikation mit sich selbst, der Selbstfindung, und ist ein Grundthema der Moralität bzw. Ethik. Um diese Themen bewältigen zu können, braucht es drei Voraussetzungen: *Beachtung, Gerechtigkeit* und *Wertschätzung*. Dabei geht es um die Erfahrungen und Entwicklungen des Personseins, die sich praktisch in Fragen bringen lassen wie: Von wem werde/wurde ich gesehen, an-gesehen, be-achtet? Kann ich zu meinem Verhalten stehen, es vor mir als richtig empfinden? Kann ich mich ernst nehmen? Wofür erhalte ich Wertschätzung? Wofür kann ich mich selber schätzen? Kann ich mir mein Eigenes anerkennen? Fehlt dies, so entstehen Einsamkeit und ein Sichverstecken hinter der Scham. Ist es da, findet sich der Leidende selbst, seine Authentizität, seinen Trost und seinen Selbstrespekt. Die Summe dieser Erfahrungen bildet den Selbstwert, das tiefste Gefühl für den Wert dessen, was das Eigene im Grunde ausmacht.

Um selbst sein zu dürfen, genügt es nicht, Beachtung, Wertschätzung und Bestätigung zu erhalten. Der Leidende muss das »Ja« zu sich selber sprechen. Dafür kann er aktiv etwas tun: andere ansehen, ihnen gegenübertreten, sich dabei abgrenzen, zu seinem Eigenen stehen. Abgrenzung und Begegnung sind die beiden Mittel, mit denen der Mensch sein Selbstsein leben kann, ohne dabei zu vereinsamen. Die Begegnung überbrückt die notwendige Grenze, lässt »mich im Du mein Ich« wiederfinden – damit schaffe ich mir jene Wertschätzung, durch die ich sein darf, wie ich bin (Längle, 1998).

Bereuen, Verzeihen, Versöhnen

Bereuen ist eine Aktivität, um sich selbst nach einer unrechten Handlung wiederzugewinnen und die eigene Integrität wiederzuerlangen. Bereuen (»das tut mir leid, das hätte ich nicht tun sollen«) ist die Entscheidung zu einem Prozess nach innen hin. Er kann manchmal schwerfallen, weil er mit Scham[16] besetzt sein

---

16 Aus existenzanalytischer Sicht ist Scham kein hinderliches, negatives Gefühl, das im Zusammenhang mit anderen Störungen (zum Beispiel Angst oder Trauer) auftritt, sondern ein eigenständiges Gefühl zum Schutz der Person. Sie schützt die Person vor der Verletzlichkeit ihrer Intimität, die nur ihr gehört (innerer Pol der Person), und ihrer Würde, ihr Ansehen vor sich und den anderen (öffentlicher Pol der Person). Scham bezieht sich also immer auf einen positiven, schützenswerten Inhalt.

kann, weil man mit einem eigenen Makel betroffen ist. Bereuen ist jedoch im Grunde eine Konturierung seiner selbst, damit man (wieder) fühlt und sieht, wer man wirklich ist, was zu einem passt und was nicht. Auch für die Gemeinschaft ist Bereuen bedeutsam, weil es dadurch möglich wird, trotz Fehler, Schuld oder Verletzungen den anderen wieder zu sehen, wie er eigentlich ist, und so einander wieder zu begegnen.

Für die Begleitung leidender Menschen ist es hilfreich, Bereuen und Trauern zu differenzieren und die unterschiedlichen Inhalte zu kennen. Entsprechend ist die Begleitung auch verschieden und dem Klienten kann geholfen werden, das eine vom anderen gefühlsmäßig und inhaltlich zu unterscheiden. Obwohl sich beide Prozesse auf einen Werteverlust beziehen, sind unterschiedliche Aspekte des Menschseins an der Situation beteiligt, die in Tabelle 7 einander gegenüber gestellt werden.

Tabelle 7: Trauern und Bereuen – zwei Prozesse mit unterschiedlichen Themen (Längle und Bürgi, 2014, S. 116)

	Trauern	Bereuen
Erleben	Ich habe etwas Wertvolles verloren	Ich habe etwas Schlechtes gemacht
Verlust	Lebensbezug	Selbstverlust
Gefühl	Leid, Bedrücktheit, Last	Schmerz, Bedauern
Thema	Verarbeitung eines Wertverlustes	Verarbeitung einer Schuld
Aufgabe	sich vom Leben wieder berühren lassen	zu sich selbst zurückfinden (Integrität)

Bereuen kann nicht auf einen Schlag erfolgen. Da es um die Person geht, ist es ein komplexes Geschehen. Das braucht Zeit und ein Sicheinfinden bei sich selbst. Dieser Vorgang erfolgt über mehrere Schritte.

1. *Bedauern des Schadens:* Zuerst braucht es eine Einsicht und ein Eingeständnis, dass das Verhalten so nicht richtig war. Der Fehler wird wahrgenommen und muss als solcher angenommen werden. Es »reut« einen, dies getan zu haben, man empfindet es als »schade«: »Mein Verhalten hat einen Schaden (für mich und/oder andere) verursacht.« »Leider« – ich empfinde das Leid. Ich spüre den Impuls, es ungeschehen zu machen. Lieber hätte ich es nicht getan! Nun hänge ich über dem Thema und schaue mit Be-*dauern* auf den Schaden, den es angerichtet hat.
2. *Akt des Bereuens:* Auf der Basis des Schmerzes, den ich fühle in meinem Bedauern, beginne ich ein Gespräch mit mir selbst. Ich sehe nun nicht nur, was falsch war. Ich *spüre*, was das Richtige gewesen wäre, und es tut mir leid, dass ich es verfehlt habe.
3. *Änderungsabsicht:* Die Spannung zwischen dem, was ich gemacht habe, und wie es richtig gewesen wäre, erzeugt ein Verlangen, doch das Eigene und Richtige auf die Welt zu bringen, um sich in Zukunft in dem wiederzufinden, was ich tue. Ich will mich darin ändern. Was geschehen ist, ist mir nicht gleichgültig. Es hat Bedeutung für mich. Darum möchte ich nicht, dass es wieder geschieht. Ich bin nun entschieden, es nicht mehr zu tun. Ich möchte wirklich das tun, wozu ich stehen kann. Das ermöglicht den anderen auch, mir wieder besser zu begegnen.
4. *Sich verzeihen:* Durch die Wiedergutmachungsabsicht und den ernsthaften Willen, es künftig besser zu machen, kann eine innere Versöhnung stattfinden. Ich kann mich wieder in die Gemeinschaft eingliedern. Das gibt mich wieder frei – vielleicht habe ich mir nun noch selbst zu verzeihen, um den Akt zu besiegeln.

Verzeihen ist der analoge Prozess zum Bereuen, nun aber nach außen hin gewendet: Man ist mit einer (seelischen) Verletzung beschäftigt, die einem zugefügt wurde. Man erlebt sich selbst als Opfer, dem etwas angetan wurde. Im Verzeihen entlässt man nun diesen Menschen aus der Schuld, vergibt ihm. So ist Verzeihen in einem existentiellen Verständnis definiert: den anderen aus seiner Schuld entlassen. Im Allgemeinen handelt es sich um andere Menschen, wenn es ums Verzeihen geht – aber es kann auch ein Verzeihen sich selbst gegenüber wichtig sein, wenn man sich ständig Vorwürfe macht oder böse auf sich ist.

In jedem Fall ist verzeihen eine Haltung, die nichts mehr von anderen (bzw. von sich selbst) einfordert. Indem man das Geschehene und die daraus erwachsene Schuld, die gerechten Forderungen und Ansprüche auf sich beruhen lassen kann, kommt man in diesem Verzicht zur Ruhe. Man gewinnt seine Freiheit wieder, ist nicht mehr abhängig vom anderen, von seinem »Schuldner«. So wird eine Begegnung wieder leichter möglich, weil keine »offene Rechnung« mehr dazwischen steht.

Verzeihen heißt aber nicht, den anderen aus seiner moralischen Schuld zu entlassen oder moralische Überlegenheit zu demonstrieren. Verzeihen heißt schlichtweg nur, sich aus dem Spannungsfeld offener Forderung zu nehmen. Verzeihen kann nicht beliebig oder mit dem Denken allein gemacht werden. Es ist ein Prozess, der über vier Schritte geht:

1. Sich einen Überblick verschaffen und das *Geschehene einschätzen:* Was ist mir durch den anderen widerfahren? Was hat er mir angetan? Worin besteht der Schaden, den er mir verursacht hat? Wie wirkt sich dieser Schaden/das verletzende Ereignis auf mich aus? Kann ich verstehen, weshalb er so gehandelt hat? Kann ich verstehen, wie es dazu kommen konnte? Kann ich verstehen, dass mich das Verhalten kränkt (manchmal gründet die Unfähigkeit zu verzeihen auch in alten Kränkungen)? Es geht zunächst um ein Annehmen und Aushaltenkönnen des Erlebten und um die Klärung des eigenen Anteils am Geschehen.

2. *Die eigenen Gefühle fassen:* Man lässt das Vorgefallene auf seine Gefühle wirken (sich Zeit dafür geben!) und schaut, wie es sich anfühlt: Wie geht es mir mit dem Geschehenen? Was hat mich getroffen und schmerzt mich? Kann ich verstehen, dass ich so fühle? Ist da ein besonders empfindlicher Punkt, der getroffen wurde? Was habe ich verloren? Wie gehe ich damit um – damals, jetzt, künftig? Was bedeutet das Geschehene für mein Leben? Hat es wirklich die Bedeutung, die ich ihm gebe? Was sage ich im tiefsten Innersten dazu?
3. *Rekurs auf das Eigene:* Welche Ansprüche und Forderungen habe ich, von denen ich glaube, dass sie mir zustehen? Auf welchen Forderungen bleibe ich bestehen – von welchen könnte ich lassen, brauche sie nicht mehr? Was tut mir gut? Was brauche ich, um es auf sich beruhen lassen zu können und auf Distanz zu kommen? Durch die Klärung dessen, was noch zu fordern ist und was man lassen kann, wird man frei. Man hat Klarheit, wofür man kämpfen soll – oder man kann von allem absehen und sich gänzlich befreien von den schmerzlichen Fesseln.
4. *Sinnvoller Umgang:* Wann und wie soll ich für das Offengebliebene eintreten? Soll das Verzeihen mitgeteilt oder für sich behalten werden? (Man braucht den anderen nicht für das Verzeihen – es ist ein Akt der persönlichen Freiheit.)

Verzeihen ist nicht gleichzusetzen mit *Versöhnung*. Man kann jemandem im Stillen verzeihen, ohne diesen Menschen wiedergetroffen zu haben; auch einem Verstorbenen kann man verzeihen. Versöhnen heißt, mit dem anderen wieder eine Beziehung leben zu wollen und sie wieder aufzunehmen. Das ist wesentlich mehr als Verzeihen. Es bedeutet, dass man sich mit dem anderen wieder getroffen hat, seine Nähe wieder mag, sich wieder austauschen will. Versöhnung ist nicht in jedem Fall anzustreben.

Manchmal ist es auch besser, die Beziehung nicht wieder aufzunehmen, wenn man spürt, dass man nicht mehr zusammenkommt, weil sich die Beziehung nicht neu etablieren lässt oder weil sie einem nicht gut tut. Aber selbst unter diesen Umständen, die keine Versöhnung erlauben, ist Verzeihen möglich, vorausgesetzt, der innere Gefühlsprozess wurde durchgemacht, sodass man vom Gefühl her lassen kann.

In die Begegnung kommen

Der Begleiter kann den Klienten im Bestreben, sich zu erkennen, bei sich zu bleiben und trotz aller Belastungen vor sich selbst bestehen zu können, unterstützen. Dafür ist es wichtig, im Gespräch den Blick für eine Tiefe frei zu machen, die einem selten bewusst ist, die aber die Grundlage für das Personsein darstellt: sich beachten, sich gerecht werden und sich wertschätzen. Sie sind die drei zentralen Fähigkeiten des Menschen im inneren Umgang mit sich selbst, die von außen angestoßen werden können, aber im Inneren selbstständig aufzubauen sind, um auch im Leiden eine autonome und authentische Persönlichkeit zu bleiben.

Tabelle 8: Zentrale Fähigkeiten zum inneren Umgang mit sich selbst

Fähigkeit	verlangt	Beispiele aus der Gesprächsführung
Selbst-Beachtung (sich selbst wahrnehmen können, aufmerksam sein für sich)	• Selbstdistanz (zu sich auf Abstand kommen können)	• Atmen Sie drei Mal tief durch • Hätten Sie das vor zwanzig Jahren auch so gesehen? • die eigenen Grenzen und Fähigkeiten sehen • Das braucht Zeit • Vielleicht geht auch Humor?

Modell zur schrittweisen Leidbewältigung 85

Fähigkeit	verlangt	Beispiele aus der Gesprächsführung
sich gerecht werden (sich in seinem Erleben, Fühlen, Denken, Verhalten so auf sich abstimmen können, dass man den eigenen Inhalten und Werten gerecht wird)	• sich ernst nehmen	• Was ist Ihnen hier wichtig? • Was fühlen Sie dazu?
	• Beziehung zu sich aufnehmen können	• Wie erleben Sie das? • Wie geht es Ihnen damit? • Was kommt in Ihnen auf?
	• bei sich sein können	• Nehmen Sie sich ruhig Zeit für die Antwort • Können Sie bei diesem Thema Ihre Ruhe finden? • in die Stille gehen
	• die Erfahrung, Gerechtigkeit für das Eigene durch andere erhalten zu haben	• Das steht Ihnen in dieser Situation auch zu … • Das haben Sie verdient
Wertschätzung für sich (sich beurteilen und sich auf sich abstimmen können)	• kritische Betrachtung des eigenen Erlebens und Handelns (Stellungnahmen zu sich)	• Kommt damit Ihr Eigenes zum Ausdruck? • Was halten Sie davon? Was sehen Sie selbst als richtig und wertvoll an, was nicht so ganz?
	• Erspüren der Tiefe des eigenen Personseins und sich abstimmen mit dem Gewissen und mit den Werten der Gemeinschaft (sich als »richtig« und »gerechtfertigt« empfinden und vor anderen bestehen können)	• Was sagt Ihre innere Stimme dazu? Wofür spüren Sie eine innere Stimmigkeit? • Ich persönlich würde in Ihrer Situation auch so handeln
	• die Erfahrung der Beurteilung und Wertschätzung durch andere	• Persönlich berührt mich sehr, wie Sie … • Am meisten schätze ich an Ihnen das … – jedoch bei dem tue ich mich etwas schwer …

Schuld und Vorwürfe

Leidvolle Situationen sind oft von Schuldgefühlen und Selbstvorwürfen begleitet. Schuld ist eine Tat, die nicht verantwortet werden kann. Man hat es trotz besserem Wissen falsch gemacht. Schuld schmerzt und belastet, weil es kein Entkommen gibt: Man kann es nicht mehr rückgängig machen, man ist es gewesen, es kann nicht ausgelöscht werden, man muss damit leben. Manche Menschen kämpfen jahrelang damit und es ist nicht gesagt, dass man über eine Schuld je ganz hinwegkommt. Schuld entsteht, wenn man dem Gewissen nicht folgt und anders hätte handeln können, aber sich durch etwas hat verleiten lassen, zu dem man nicht wirklich stehen kann. Oft entsteht durch solches Handeln ein Schaden. – Das hätte ich nicht tun dürfen, das war nicht richtig. Wie soll ich das verantworten? Da bin ich mir oder anderen etwas schuldig geblieben. Da habe ich gefehlt, da war ich persönlich nicht dabei, da kann ich nicht dahinter stehen. – Aus einer existentiellen Perspektive ist Schuld ein Scheitern im Vollzug des eigenen Lebens in einer konkreten Situation.

Von solcher echter Schuld – nicht gelebter Verantwortung – zu unterscheiden sind *Schuldgefühle*. Schuld wird natürlich immer gefühlt – darum sagt man oft, man habe Schuldgefühle für das, was man getan hat. Es gibt aber auch Schuldgefühle, denen keine echte Schuld zugrunde liegt. Sie sind ein typisches Symptom der Depression. Der Depressive fühlt sich so schlecht, hält sich für so einen Versager, dass er auch das Gefühl hat, für alles schuldig zu sein, was nicht gut läuft. Er kann sich solcher Schuldgefühle nicht erwehren, sie überfallen ihn, quälen ihn. Sie entspringen einem übertriebenen Verantwortungsgefühl (man fühlt sich für alles verantwortlich, für die Stimmung der Kollegen, die Verhinderung allen Übels, den Frieden in der Familie und letztlich in der Welt). Solche pathologischen Schuldgefühle dürfen nicht verwechselt werden mit echter Schuld – denn hier liegt kein wirkliches, konkretes Versäumnis einer nicht wahrgenommenen Verantwortung und einer getroffenen Entscheidung vor. Sie sind vielmehr Symptom eines generellen Leidens am Leben und an der Welt und bedürfen oft einer ärztlichen und/oder psychotherapeutischen Behandlung.

Anders ist es bei *Vorwürfen:* Wie blöd, das hätte ich doch wissen müssen! *Warum* hast du nicht …? – Im Unterschied zur Schuld oder einem *Fehler* (man hat etwas irrtümlich gemacht, oder erst im Nachhinein erfahren, dass es falsch ist) sind Vorwürfe eine Grenzmarkierung, meist eine respektlose Grenzüberschreitung und oftmals ein Übergriff auf die Person: Man spricht sich selbst oder anderen das Recht ab, sich (in dieser Situation oder grundsätzlich) irren zu dürfen oder Grenzen zu haben wie alle anderen Menschen auch. Vorwürfe schmerzen, weil sie eine markante Grenze setzen und weil sie oft von vornherein ausschließen, dass die Tat aus einem verständlichen Grund, aus einer guten Absicht oder mit den damals zur Verfügung stehenden Kräften und Mitteln heraus erfolgte – eben nach bestem Wissen und Gewissen. Aus der sicheren Position des Nachhineins wirft man sich selbst oder anderen ein Unvermögen besserwisserisch oder maßregelnd an den Kopf.

Manchmal bestehen Vorwürfe zur Recht: Ich hätte es wissen müssen, aber bin wieder zu spät losgefahren und in den Stau gekommen. Ich kann niemanden dafür schuldig machen und hab mich einfach unklug verhalten. Um einer Wiederholung vorzubeugen, lass ich mir jetzt den Vorwurf und seinen Schmerz gefallen, um es hinfort besser zu spüren. – Aber meistens sind Vorwürfe – insbesondere anderen gegenüber – Zurechtweisungen mit einem aggressiven Charakter. Sie sollen dem, der sie macht, helfen, auf Distanz zu kommen und den anderen in die Schranken zu weisen. Sie geschehen meistens impulsiv (das heißt psychodynamisch geleitet) und haben den Charakter einer Schutzreaktion, als ob man das Unliebsame von sich abwenden möchte, um sich nicht damit befassen zu müssen. Ärger, Groll,

Zorn sind spürbar. Entsprechend heftig fällt der Ton der Bemerkung aus. Entsprechend heftig fährt der Vorwurf beim anderen ein – sein Leiden gibt eine gewisse Genugtuung und Entlastung für den Vorwerfenden. Nun muss er nicht allein leiden, er hat es an den anderen weitergeben können. Der fühlt nun auch, wie sehr es ihm weh tut. Natürlich sind Vorwürfe psychologisch verständlich, aber sie liegen aufgrund dieser Dynamik eben nicht auf der Ebene personaler Begegnung und Respekts. Das Leid wird abgeführt, aber nicht behandelt.

Diese Unterscheidungen sind in der Begleitung hilfreich, weil sie zu unterschiedlichen Vorgangsweisen im Umgang mit Schuldgefühlen führen. Bei Selbstvorwürfen geht es in erster Linie um die Reflexion von Normen (Über-Ich), Selbstansprüchen, Haltungen und Einstellungen (Wertehierarchie). Bei der Bewältigung von Schuld geht es darum, den Leidenden im Prozess des Bereuens zu begleiten.

Schuldbewältigung – Sieben Schritte zum Neubeginn

Schuldbewältigung ist ein Prozess, der manchmal mit einem Gegenüber, das fragt, versteht und eine Meinung anbietet, um die eigene Stellungnahme besser finden zu können, zielführender vonstatten geht. Mit einem Du, das einem begegnet und gegenübersitzt, das einen zu verstehen versucht und mitgeht, kann der Prozess tiefer greifen, als wenn man es nur allein versucht, mit seiner Schuld zurechtzukommen.

1. *Klärung:* Die Klärung beginnt mit dem mutigen Hinsehen auf das, was geschehen ist. Das ist die Grundlage für die Bearbeitung und bildet den Rahmen, in dem die Schuld geortet werden kann, ja geortet werden muss. Dieses Sicheinfinden und ein erstes Distanzgewinnen geschieht mit Fragen wie: Was ist der Fehler? Wo sehen Sie es ganz konkret, dass etwas nicht richtig war? Mit der Beschreibung des konkreten Sachverhalts kann Schuld besser von Schuldgefühlen (zum Beispiel

hohe Selbstansprüche, starres Über-Ich) differenziert werden.
Um die Situation für den Klienten kognitiv fassbar zu machen,
ist die Selbst- und Fremdwahrnehmung hilfreich: Wo bemerken Sie unstimmige Gefühle? Wo sind Sie sich nicht sicher?
(Selbstwahrnehmung). Was sagen andere dazu? Welche Vorwürfe machen sie Ihnen? (Fremdwahrnehmung). Eine weitere Perspektive ist die Sicht des Begleiters: Kann er den Fehler
auch sehen? Seine Sicht kann die Wirkung eines Korrektivs
haben, das ein anderes Licht auf die Schuld werfen kann.
Jedoch geht es keinesfalls darum, den Betroffenen von Schuld
loszusprechen, wie dies etwa in der Beichte geschehen kann.
Wenn diese Klärung ergibt, dass keine echte Schuld vorliegt, sondern nur Schuld*gefühle* da sind, besteht die weitere Begleitung im kritischen Beleuchten der individuellen
Normen und Werthaltungen bzw. belastender Lebensgefühle (Depression).

2. *Verstehen:* Nach der Klärung geht es um das Verstehen der
Abläufe und Zusammenhänge. Dieser Schritt ist ein erstes
Integrieren und Einarbeiten der Schuld in die eigenen Lebensbezüge: Wäre es vermeidbar gewesen? Hatten Sie damals das
Wissen, das Sie heute haben? Verstehen Sie selbst, wie es
dazu kam? – Das Auffinden der Spur zum Geschehen und
das Hineingehen in diesen inneren Prozess können wiederum mit unterschiedlichen Perspektiven unterstützt werden (durch Selbstverstehen, durch Fremdverstehen, durch
den Begleiter). Sie helfen, Zusammenhänge, Mechanismen,
Automatismen oder auch andere Gründe, die zum Verhalten geführt haben, zu erkennen. Verstehen ist das Erhellen
der Prozesselemente, die zu der Schuld geführt haben, und
das Anbinden des Geschehens an die Person mit ihren Entscheidungen. Mit diesem Schritt wird die Schuld zugänglich und vernetzt (biographisch, psychodynamisch etc.) und
damit integrierbar und menschlich.

Verstehen ist entgegen dem französischen Sprichwort »Verstehen heißt alles verzeihen«[17] keine Bewertung (»das ist verständlich, Sie mussten so handeln, es trifft Sie keine Schuld« etc.), sondern nur eine Prozessanalyse in Empathie und begleitender Nähe zum Leidenden. Wenn der Begleiter das Gefühl bekommt, dass in der Situation das geschilderte Verhalten zwingend war (zum Beispiel jemanden verlassen, weil man sonst gänzlich zerstört würde), so kann er das auch sagen: »In Ihrer Lage hätte ich auch keinen anderen Weg gesehen.« Im Unterschied zu einer objektiv vorgebenden Bewertung (»da gab es wirklich keine andere Möglichkeit«) bleibt er bei einer *persönlichen Stellungnahme* und bleibt damit auf der Ebene der Beziehung. Er bemüht nicht den sachlichen Determinismus, wodurch er dem Gewissen noch immer einen Spielraum einräumt.

3. *Gewissen und Stellungnahme:* In diesem Schritt kommt der Verarbeitungsprozess zum wesentlichen Punkt, nämlich zur Bezugnahme auf das persönliche Gespür der *Stimmigkeit* bzw. Unstimmigkeit, und führt den Klienten dazu, Stellung zu beziehen: Was war nicht in Ordnung vor Ihrem Gewissen? Was würden Sie selbst als das Richtige ansehen? Warum ist es nicht richtig? Was sehen Sie da als Schuld an? Was für ein Empfinden haben Sie dabei? Was ist nicht stimmig dabei? Was halten Sie davon, dass Sie das getan haben (zum Beispiel den Partner verlassen)? – Mit dieser Distanznahme und selbstbeurteilenden Schau (»ein Urteil über sich selbst fällen«) gewinnt der Klient den Boden in sich selbst, findet wieder zu sich zurück: Habe ich wirklich das Gefühl, verantwortungslos gehandelt zu haben, fahrlässig, wider besseren Wissens? Hier kann sich der Leidende in der Tiefe vor sich selbst begegnen.

---

17 Comprendre, c'est tout pardonner.

Der Begleiter soll sich in dieser Phase einer Stellungnahme enthalten (außer vielleicht: »Ist es wirklich so?«), denn hier steht er vor dem Geheimnis der Person.

4. *Bereuen:* Nach der gewissenhaften Stellungnahme geht es um die Erhebung dessen, was einem »leid« tut. Mit dem Erhellen der Gefühle und Empfindungen bei der Schuld entsteht Nähe und damit Beziehung zum verwirkten Wert und zum anderen: Was tut Ihnen dabei weh? Was tut Ihnen leid? Das Mitfühlen, die »Opferempathie«, weckt das Bereuen und löst von dem klammen Gefühl der Schuld. Dazu braucht es den inneren Dialog. Der Dialog mit einem anderen Menschen ist für diesen Verarbeitungsprozess besonders förderlich.
5. *Wiedergutmachung:* Die innere Durcharbeitung verlangt auch ein Handeln: »Was können Sie tun, um den entstandenen Schaden auszugleichen?« (zum Beispiel sich entschuldigen, ein »Sühne-Opfer« bringen, rituell eine Kerze anzünden für die verlorene Beziehung etc.). Dies kann auch zu einer fühlbaren inneren Entlastung führen. Der Begleiter kann höchstens Ideen geben, finden muss es der Klient selbst. Es muss für ihn sinnhaft sein und soll keine von außen her auferlegte Pflicht sein. Diese persönliche Verankerung und das innere Ja dazu sind wichtig, um der Haltung ein fühlbares Gewicht zu geben, damit sie nicht nur im Kopf bleibt, sondern sich sozusagen materialisiert und die geistige Haltung sich in der Tat widerspiegelt.
6. *Ausführung und Vorbeugung:* Was können Sie heute tun, damit es nicht wieder dazu kommt? Die Ausführung soll dem Klienten überlassen sein. Der Begleiter kann unterstützen, indem er nachfragt, ob er es getan hat, wie es ihm gegangen ist, woran es gescheitert ist und so weiter.
7. *Schlussstrich:* Manchmal braucht es einen Entschluss, es damit bewenden zu lassen, weil man nicht mehr tun kann. Man soll sich an der Schuld nicht aufreiben: So ist es eben

gewesen, als solches muss man es nun auch lassen, mehr können Sie nicht tun. Es geht nicht darum, etwas ungeschehen zu machen, so gern man das auch hätte, sondern es geht darum, eine klare Stellung dazu bezogen zu haben und diese Haltung nun zu leben. Gelingt es dem Klienten nicht, mit der Realität zu leben und sie anzunehmen, oder gibt er den Wunsch nicht auf, dass er es lieber hätte, wenn es nicht gewesen wäre, kann das zu anhaltenden und therapiebedürftigen Schuldgefühlen führen.

Die Erkenntnis, dass Schuld zur menschlichen Realität gehört, dass wir immer wieder schuldig werden, dass wir Fehler machen, dass wir nicht perfekt sind, aber dass wir lernen können, mit unseren Fehlern zu leben, kann Trost, Hilfe und Ermutigung geben. Es ist besser, einen Fehler gemacht zu haben, als aus Angst vor Fehlern nicht gelebt zu haben. Schuld ist keine Endstation, sondern existentiell gewendet die Herausforderung zum Neubeginn.

Leiden heißt sich abstimmen mit dem größeren Zusammenhang
Ist das Leid darin begründet, dass man keine Zukunft mehr für sich sieht, keinen Sinn, keinen Zusammenhang, in dem das eigene Handeln bzw. das eigene Leben aufgehen kann und für etwas gut ist, dann ist auf die Offenheit für die Anliegen und Angebote in der Situation zu achten bzw. auf die übergeordneten, größeren Zusammenhänge, in denen wir stehen. Dafür sind eine Abstimmung und ein dialogisches Eingehen auf die Umstände erforderlich. Durch das Sichabstimmen mit dem Erforderlichen bzw. mit dem Angebot »der Stunde« wird es möglich, sich in die Situation hineinzugeben. Diese Abstimmung hat auf der Basis von *Können, Mögen* und *Dürfen* zu erfolgen, wenn sie zu einer inneren Erfüllung führen soll. Wenn wir uns so mit unserer Welt abstimmen, kommen wir zu einer

persönlichen Vorgangsweise, die uns wieder Zukunft erschließt. Denn eine solche Vorgangsweise enthält ein Gefühl und eine Ahnung von einem umfassenden Verständnis, in welchem man sich befindet, und bindet es in die Aktivität ein. Das Erkennen und Sichabstimmen mit den Erfordernissen der Situation führt zum existentiellen Sinn, das Ahnen, Sehen und Glauben an einen größeren Zusammenhang eröffnet den ontologischen Sinn (Längle, 1994; 2008) und führt uns an die Schwelle des Glaubens heran.

Leiden heißt sich abstimmen mit dem größeren Zusammenhang
»Wer ein Warum im Leben hat, erträgt fast jedes Wie.«
(nach Friedrich Nietzsche)

- Kann ich einen Zusammenhang sehen, und wenn nicht, kann ich einen erahnen? Hat das etwas mit meinem Leben zu tun? Und wenn nicht: Wie könnte daraus etwas Wertvolles für mein Leben entstehen?
- Was halte ich im Innersten für die Bestimmung meines Lebens? Wofür bin ich auf die Welt gekommen? Was sehe ich als den Sinn meines Lebens an?
- Leere, die Sinnlosigkeit – wie gehe ich damit um? Was kann/ konnte Hoffnung geben? Wo ist Hingabe möglich? Was ist der äußerste (spirituelle/religiöse) Horizont, in den ich mein Leben eingebettet glaube?

Tätigkeitsfeld, Strukturzusammenhang, Wert in der Zukunft
Leidvolle Situationen werfen oft die Frage nach dem *Sinn* des Erlebten und Erlittenen auf. Menschen leiden unter Sinnlosigkeitsgefühlen, wenn sie ihr Tun oder Leiden in keinem größeren Zusammenhang sehen, wenn sie nicht verstehen oder erleben können: Wozu soll mein Leben noch gut sein? Worum soll

es in dieser Krise für mich gehen? Der Zugang zu Antworten darauf führt über die phänomenologische Haltung der Offenheit. Offenheit bedeutet, sich von der Situation befragen zu lassen und der wahrgenommenen Aufforderung, in Übereinstimmung mit sich selbst, nachzukommen. So wird die Frage nach Sinn zu einer Anfrage an die Person, »was das Leben von einem will, was die Situation ›von mir‹ erwartet, was ›ich jetzt tun kann und tun soll‹ – für andere Menschen wie auch für mich selbst« (Längle, 2008, S. 57; vgl. auch Frankl, 1982).

Dafür braucht es dreierlei: ein *Tätigkeitsfeld*, einen *Strukturzusammenhang* und einen *Wert in der Zukunft*: Hat der Klient etwas, wo er benötigt wird, wo er mit seinem Leiden vielleicht sogar produktiv sein kann? Sieht und erlebt er sich (mit seinem Leiden) in einem größeren Zusammenhang, der seinem Leben Orientierung gibt und zu dem er sich zugehörig fühlt? Gibt es etwas, was in seinem Leben noch werden soll? Dann kann das Dasein (selbst im Leiden) einen Wert erhalten, wenn es aufgehen kann in etwas anderem, das über einen selbst hinausgeht. Fehlt dies, so entstehen Leere, Lebensfrustration, sogar Verzweiflung oder Sucht. Ist es da, findet der Mensch zu einer Hingabe und zum Handeln auch zu seiner Form von Spiritualität. Die Summe dieser Erfahrungen macht den Sinn des Lebens aus und führt zur Lebenserfüllung.

Für diesen existentiellen Sinnfindungsprozess sind die drei vorangegangenen Dimensionen (dasein können, das Leben mögen, sich sein dürfen) eine Voraussetzung, ohne die der Mensch nicht zu tiefem Sinnerleben kommt. Es braucht diese Basis, um den aktuellen »Ruf der Stunde« (Sinn) ganzheitlich wahrzunehmen und auf das Angebot bzw. die Aufgabe der Situation einzugehen.

Sinnsuche in der Ausweglosigkeit
Der existentielle Sinn
Das Leid an sich ist sinnlos. Im Umgang mit ihm – im Leiden – kann Sinn liegen.
Wie kann der Begleiter in der Sinnlosigkeit des Leidens einen Weg aufzeigen zu einem potentiellen Sinn, der »trotz« der Sinnlosigkeit des Leides möglich wird? Der Weg liegt im Einbezug persönlicher Stellungnahme und Aktivität zum Leid: Wenn schon das Leid als sinnlos erfahren wird, so kann doch *im Leiden* ein möglicher Sinn gefunden werden. Der Sinn des Leides liegt für den Menschen also in erster Linie im Umgang mit dem Leid. Doch genügt das seinem Verlangen nach Verstehen wollen nicht ganz. Daher ist der Mensch bestrebt, sein Leiden auch in einen größeren Kontext zu bringen, und möchte es letztlich in einem übergeordneten Zusammenhang sehen, also in etwas Größerem, in welchem es steht und was ihm einen übergeordneten Wert zu geben vermag.

Das Herangehen an das Leid unter dem Aspekt der Sinnhaftigkeit ist psychologisch hilfreich, weil es vielfach das Leiden an der empfundenen Sinnlosigkeit ist, das das Leiden so schwer erträglich macht. »[...] aber nicht das Leiden selbst war sein Problem, sondern dass die Antwort fehlte auf den Schrei der Frage ›wozu leiden?‹«, formulierte Nietzsche einmal sehr prägnant (zitiert nach Frankl, 1990, S. 257).

1. Grundlage für die Entwicklung von Sinnerleben sind die Fähigkeit und Bereitschaft des Klienten, ein Leid, ein Schicksal, einen Schmerz und anderes überhaupt *aushalten* zu können bzw. zu wollen (dasein können). Die dazu nötige Kraft steht in Beziehung zu einem tiefen Gefühl von Gehaltensein – dem Grundvertrauen. Das ist ein Gefühl, in einer Struktur zu stehen, die alles zusammenhält. Dieses Grundvertrauen wird im Leid durch den schicksalhaften Verlust einer äußersten Belastungsprobe ausgesetzt. In der Folge wird das Grund-

vertrauen entweder vertieft oder aber es bricht (zum Beispiel wenn das Ereignis als Trauma erlebt wird). Der Begleiter kann durch Erinnern und Aktualisieren von haltgebenden Erfahrungen helfen, diesen Boden zu erweitern: Wo können Sie gut und sicher sein? Was gibt Ihnen im Moment Kraft? Gab es schon andere Situationen im Leben, wo Sie den Halt verloren haben? Wie haben Sie wieder Boden unter den Füßen bekommen? Dies ist die Basisarbeit, die sich um das Aushaltenkönnen dreht.

2. Dann werden die Entfaltungsräume für das *Wie* thematisiert. Im Wie ist die Art des Leidens angesprochen, also wie der Klient mit ihm umgeht, wie er leidet. Im Wie des Tragens kommt die Form des Sich-in-Beziehung-Setzens zum Ausdruck (leben mögen). Ein gewisser Spielraum kann sich dem Klienten in dem auftun, wie er sich zum Leid verhält. Gelingt es ihm, in einen Umgang mit ihm zu kommen, oder bleibt er ganz auf der Seite des Reagierens? Kann er klagen und weinen oder will er das Leid still für sich tragen? Ist Jammern, Aggression, Schreien nötig, hilfreich?

3. Im »*für wen*« man leidet, kann ebenfalls ein Sinnaspekt aufleuchten (sich selbst sein dürfen). Die Frage nach dem »für wen« des Leidens verweist auf die innere Begegnung mit dem Leiden: Wie bettet es der Leidende ein? Wofür setzt er es ein? Kann er es »verwenden« für etwas, das ihm einen Wert bedeutet? Man kann zum Beispiel den Angehörigen zuliebe so mit dem Leiden umgehen, dass sie nicht leiden müssen. Man kann es tragen aus Liebe zum Leben; aus Wertschätzung für sich selbst, um sich weiterhin in die Augen schauen zu können. Jemand nimmt sich zusammen aus einem Pflichtgefühl oder um die anderen nicht zu enttäuschen. Ein religiöser Mensch sieht diese schwierige Situation womöglich als Prüfung für die Ewigkeit. Oder man trägt es einfach für Gott, um seinen Glauben zu leben.

Frankl (1982) hat diese Art des Umgangs mit Leid als eine »Hauptstraße zum Sinn« aufgefasst, weil der sinnvolle Umgang mit Leid so bedeutsam ist für ein sinnvolles Leben. Er bezeichnete diesen Weg als *Einstellungswerte*. Der Wert dieses Umgangs mit dem Leid liegt in der Einstellung, die etwas Positives anpeilt, die konstruktiv ist trotz schwieriger Umstände. Einstellungswerte beschreiben im Grunde die tiefste Beziehung der Person zu ihrem Leben – ob das Leben letztlich als gut angesehen wird oder nicht (vgl. Längle, 1994).

4. Schließlich gelingt es vielleicht, dass der Leidende angesichts des Unverständlichen versucht, sich neugierig *offenzuhalten* für das Weltverständnis und für das, was aus all dem werden kann. In dieser Haltung ist man zuversichtlich interessiert, ob man durch das Ertragen des Leids eines größeren Zusammenhanges gewahr wird, der einem bislang verstellt war; und in den man sich – ihn ahnend – stellen mag.

Diese Anleitung zum Finden des existentiellen Sinns zeigt, wie mit dem Leid sinnvoll umgegangen werden kann und worin der persönliche Sinn, die Herausforderung an den Leidenden gesehen werden kann. Sie kann dem Klienten zur gefühlten Einsicht verhelfen, dass es selbst im Leiden noch einen Rest an Freiheit gibt, die er sinnvoll gestalten kann.

Tabelle 9: Überblick, wie existentieller Sinn im Leiden grundsätzlich gefunden werden kann

Dimension der Existenz	Sinnfrage	Bezugnahme
in der Welt sein können (Seinsebene)	*Ob* ich das Leid tragen kann?	zur Kraft und zum Seinsgrund
leben mögen (Wertebene)	*Wie* trage ich das Leid?	zum Lebenswert
sich selbst sein dürfen (personale Ebene)	Für *wen* trage ich das Leid?	zur Person
sinnvoll leben (Kontextebene)	*Was* kann dadurch werden – Stelle ich mich dadurch in einen größeren Kontext, den ich nicht mehr begreifen kann?	Bezugnahme zum inhärenten Werdenspotential und größeren Zusammenhang

Der ontologische Sinn

Der große Zusammenhang von Leid kann nicht mit Wissen erfasst werden.

Neben dem oben beschriebenen existentiellen Umgang mit Leid (und seiner Integration) gibt es eine andere Kategorie von Sinn, nämlich den Sinn in einem metaphysischen Kontext, der in seiner Gestaltbarkeit nicht mehr von einem selbst abhängt. Aus einer existentiellen Perspektive wird er als »ontologischer Sinn« (Längle, 2002, 2008, 1994/2011) bezeichnet. Es handelt sich um den größten Zusammenhang, in welchem das Leid gesehen und ein übergeordneter Sinn abgeleitet werden kann. Der ontologische Sinn von Leid kann nicht gewusst werden und ist nicht unmittelbar erkennbar. Sein ontologischer Sinn – Sinn der Existenz von Leid – liegt in der Sphäre des Glaubens. Es ist die Frage, warum es überhaupt Leid gibt. »Warum muss gerade ich dieses Leid haben?«, fragt der Leidende. Wir möchten es verstehen im Kontext des gesamten Seins. Da wir den Bauplan der Welt aber nicht kennen, können wir nicht wissen, zu welchem

Zweck und in welchem Sinn dieses Schicksal entstanden ist bzw. geschaffen wurde. Wir können es im Glauben aufgehoben oder in philosophischen Überlegungen erklärt finden. Jedenfalls hat auch das Bemühen um das große und letzte Verständnis des Leids Bedeutung für den Menschen. Die Ahnung eines solchen Sinns oder der Glaube kann Hoffnung geben, kann Aussicht auf Erlösung versprechen.

Was uns aus dem Leiden erwachsen kann

In seinem Buch »Homo patiens«, das Frankl 1950, also relativ kurz nach dem Krieg schrieb, beleuchtet er mögliche Auswirkungen des Leidens auf den Menschen, der mit seinem Leiden gerungen hat. Frankl verweist auf die inhärenten Möglichkeiten, wie ein sich zugestandenes und durchhaltbares Leiden auf den Leidenden selbst zurückwirken kann. Gelingt es nämlich dem Menschen, sein Leiden zu bestehen und nicht an ihm zu verzweifeln oder zu scheitern, dann kann er an ihm wachsen, das heißt geistige Fähigkeiten dazugewinnen. Ist das Wachstum, die Zunahme an Stärke, abgeschlossen, führt es weiter in ein Reifen. Ein Reifen als Person bedeutet, dass sich die Qualität ihrer geistigen Fähigkeiten entfaltet; dass ein seelisch-geistiges Können ausgebaut und gestärkt wird. Schließlich meinte Frankl, dass der Mensch durch ein Leiden sogar über sich hinauswachsen kann, also zu Taten und Einstellungen fähig werden kann, die er sich selbst ursprünglich gar nicht zugetraut hätte und von sich auch nicht gekannt hatte. Gerade die Not kann Menschen sogar zu »übermenschlichen« Leistungen befähigen (Frankl, 1990).

Leiden bedeutet Krise. Mit dem Leiden geht ein Scheideweg einher. Man kann an ihm zerbrechen, zugrunde gehen, in die Krankheit abstürzen, in die Verzweiflung verfallen, im Suizid dem unerträglichen Terror ein Ende setzen. Leiden ist eine zutiefst existentielle Herausforderung. Leiden verändert den Menschen. Keiner ist danach so wie zuvor. In diesem bis in die Intimität der Person und in ihre tiefsten und letzten Entscheidungen über das Leben hineingreifenden Prozess kann der Mensch aber auch gewinnen. Leiden kann den Menschen veredeln. Marie von Ebner-Eschenbach fasste dies einmal in den Satz: »Wir sträuben uns gegen das Leiden, wer aber möchte nicht gelitten haben?« (1880/1893/2015, S. 69).

Leiden kann nicht nur zu Wachstum und Reifung führen, sondern auch zu Erkenntnissen. Frankl hat in zweieinhalb Jahren Konzentrationslager unbeschreibliches Leid selbst ertragen und auch mit ansehen müssen. Er hat darüber in seinem Buch »... trotzdem Ja zum Leben sagen« (1946) berichtet. Am Ende dieses Buches schreibt er als Zusammenfassung dieses unbeschreiblichen Leidensweges, der ihn aus der Hölle wieder in das »normale Leben« zurückgebracht hat, was er als Resultat seines Leidens empfand: »Gekrönt aber wird all dieses Erleben des heimfindenden Menschen von dem köstlichen Gefühl, nach all dem Erlittenen nichts mehr auf der Welt fürchten zu müssen – außer seinen Gott« (1946/2006, S. 148).

An einer anderen Stelle bezeichnet Frankl als Frucht der Reifung eine Fähigkeit zur tieferen Schau der Dinge. Es ist ihm hier gelungen, in großer Dichte die Essenz seiner Leiderfahrung niederzuschreiben. Es kulminiert in dem Satz: »Das Leiden macht den Menschen hellsichtig und die Welt durchsichtig« (Frankl, 1990, S. 330 f.) Gerade dies war seine Erfahrung: Das Leiden kann uns die Augen öffnen für eine Tiefe und für eine Weite, die über das Alltägliche hinausgehen. Das Leiden relativiert die Vorgänge in der Welt und reduziert ihre Bedeutung auf ein Maß, das das Physische transparent macht für das Metaphysische. Angesichts der eigenen zerklüfteten Seelenlandschaft als Heimkehrer aus dem KZ formuliert Frankl sein Erstaunen, das ihm im Leiden widerfuhr: »Wie oft sind es erst die Ruinen, die den Blick frei geben auf den Himmel« (1990, S. 379).

In Respekt vor dem Unsäglichen, das dem großen Leid anhaftet, schließt er 1950 sein Buch »Homo patiens« mit den Worten: »– wo alle Worte zu wenig wären, ist jedes Wort zuviel« (Frankl, 1990, S. 386).

Übersicht und Zusammenfassung

Tabelle 10: Übersicht der Aspekte zu Leiden entlang der vier Dimensionen der Existenz

Dimension der Existenz Themen der Auseinandersetzung	Bezug zur Welt und ihren Bedingungen dasein können	Beziehung zum Leben leben mögen	
Verlust	der Kraft zum Tragen, die Sicherung des Daseins	der Lebensfreude, der inneren Lebendigkeit und positiven Gefühle	
Gefühl ...	nicht sein zu können	nichts Wertvolles zu erleben	
Leiden, weil ...	man nicht annehmen kann	die Beziehung zum Wertvollen nicht mehr geht	
Leiden heißt ...	aushalten und annehmen können	trauern können	
braucht ...	Schutz, Raum, Halt	Beziehung, Zeit, Nähe	
Entscheidung, ...	ob ich das Leid tragen kann	ob ich mich berühren lassen mag	
Potential zum inneren Wachsen und Reifen	Hoffnung	Verbundenheit	
Tiefenerfahrung	Staunen, dass es mich gibt	Dankbarkeit für den Wert des Lebens	

Beziehung zur Person **sich selbst sein dürfen**	Beziehung zur Zukunft und die größeren Zusammenhänge, in denen wir stehen **Sinnvolles sollen**
sich selbst sein zu können (Selbstverlust)	einer ansprechenden Zukunft
das Eigene nicht mehr leben zu können	nichts, wofür es sich lohnen würde
das Eigene verloren ging	es keinen Sinn mehr hat
bereuen (verzeihen) können	sich abstimmen mit dem größeren Zusammenhang
Beachtung, Gerechtigkeit, Wertschätzung	Tätigkeitsfeld, Strukturzusammenhang, Wert in der Zukunft
ob ich mich in meiner Armut sehen und mir begegnen will	ob ich mich dem größeren Horizont öffnen mag
Trost	Zuversicht
Respekt vor der Würde der Person	Ahnen größerer Zusammenhänge

4 Hoffen – eine vergessene Kunst?

In diesem Kapitel geben wir einen Artikel von Alfried Längle aus dem Jahr 2013 wieder, der auf das Thema Hoffnung eingeht. Hoffen wird oft mit Passivität oder einem Sichaufgeben gleichgesetzt. Auch Begleiter fühlen sich oft hilflos, wenn »man nur noch hoffen kann«. Hoffen ist aber – existentiell gesehen – eine Aktivität, ein aktives Gestalten des Daseins in Situationen, wo man an der Realität nichts mehr ändern kann. Dabei können wir einander stützen, ja auch professionell Menschen begleiten.

Hoffnung – die Beziehung zum Leben halten[18]

Ohne Hoffnung – keine Motivation, kein Lebenswille, vermehrtes Leid und geringere Heilungschancen. Hoffnung ist für die Patienten eine zentrale Größe in der ärztlichen Behandlung – doch was ist Hoffnung? Worin besteht die Aktivität? Was kann zu ihrer Förderung getan werden?

Hoffen ist mehr als ein Gefühl, es ist ein *existentieller Akt*. – Was ist die Tätigkeit in diesem Akt des Hoffens? Der Akt besteht darin, dass man das Wesentliche nicht aufgibt, sondern aktiv

---

18 Aus: Zeitschrift Neurologie & Psychiatrie 3/2013, S. 12–15. Der Vortrag wurde im Rahmen der 5. Interdisziplinären Psycho-Onkologie-Tagung Graz gehalten.

bleibt. Man unternimmt einen großen Schritt: Man nimmt eine *Haltung* ein, die vor dem Unglück, dem Leid, der Krankheit, der Behandlung und so weiter nicht zurückweicht, sondern sich der Situation stellt. Man bleibt in Verbundenheit mit ihr, statt wegzugehen, die Situation zu ignorieren oder zu übergehen, abzutun, abzuwerten. Der Hoffende ist vom Gegenteil motiviert: Es besteht der Wunsch, das Positive möge erhalten bleiben, etwas Wertvolles möge entstehen und das Unglück nicht eintreten. Diese Haltung, das Positive nicht fahren zu lassen, kann so stark sein, dass sie sogar dann gelebt wird, wenn eine positive Wendung unwahrscheinlich ist. Das Paradoxe an dieser Haltung der Hoffnung liegt darin, dass es sich zwar um eine Aktivität handelt, um ein Tun also, das gelebt wird, obwohl man selbst nichts (mehr) zur Verbesserung beitragen kann. Hoffnung hat dort ihren Platz, wo man zur Untätigkeit gezwungen ist. Doch bleibt noch das eine: die Treue zu halten dem Wert, der Beziehung, der Zukunft – dem Leben gegenüber. In einem stillen, inneren Gefühl oder mit erhobenen, gleichsam beschwörenden Händen, wie auch immer, geht es darum, den Wert aufrechtzuerhalten, mit dem man sich verbunden fühlt. Diese den Menschen beseelende Haltung hat allgemein menschliche Bedeutung bei allen Vorgängen, denen man sich »ausgesetzt« fühlt (dass man sich als Paar wieder besser verstehen kann; dass das Kind die Prüfung schafft; dass sich die Wirtschaft wieder erholt und so weiter). Sie hat darüber hinaus medizinische Relevanz. Sie ist aktivierend, motivierend, belebend, lässt die Patienten teilhaben und sich interessieren am Geschehen, mitmachen und so weiter. Hoffnung ist wie ein »*psychosomatisches Medikament*« und als solches eine Grundlage für Resilienz. – Schauen wir zum besseren Verständnis auf den psychischen und existentiellen Hintergrund von Hoffnung, um abschließend etwas auf den Umgang mit ihr einzugehen.

Beseelt von Hoffnung

Wenn eine 47-jährige Patientin mit einem metastasierenden Pankreaskarzinom um ihr Leben kämpft und die Hoffnung nicht aufgibt, ist das beeindruckend. Der Lebenswille beflügelt sie, sie setzt alles daran, ihrer Hoffnung Nahrung zu geben: Homöopathie, Religion, Chemotherapie, Stent. Ihre Hoffnung lohnte sich. Fast drei Jahre hat sie überlebt! Eine ungewöhnlich lange Zeit für eine solche Diagnose. Noch eine Woche vor ihrem Tod hat sie sich und den Angehörigen Hoffnung gemacht, und am Tag vor dem Tod hat sie gemeint, es werde schon gut …

Objektiv gesehen hat die Patientin zumindest in den letzten Wochen die Realität verkannt, ist gewisse Befunde übergangen. *Pragmatisch* gesehen kann man freilich fragen: War diese Hoffnung nicht gut für die Lebensqualität und hilfreich für ein vielleicht längeres Leben? – *Prinzipiell* ist aber auch zu fragen: Ist Hoffnung in der Medizin nur ein pragmatisch zuzugestehendes Placebo, das man dem in Not Geratenen nicht nehmen soll?

- Hoffnung ist Aufrechterhaltung der Beziehung zum Wertvollen.
- Hoffnung ist realistisch, weil das Eintreten von Künftigem nie ganz festgelegt ist.
- Hoffnung ist paradox: etwas tun, wo man nichts mehr tun kann.
- Wo Hoffnung ist, ist Sinn – Hoffnungslosigkeit ist Sinnlosigkeit.

Hoffnung nüchtern betrachtet

Hoffnung wird oft verstanden als ein tröstendes Gefühl, das einem das Leid einer Krankheit oder die Drohung eines Verlustes kalmieren und den Schmerz lindern soll. Sie wird wie eine Art gute Mutter gesehen, die besänftigt und ein wenig streichelt – letztlich vielleicht sogar Inbild einer archetypischen Sehnsucht.

Vielfach wird sie auch als *Erwartungshaltung* aufgefasst. Man erwarte, dass etwas sich zum Positiven wende. Dass ein Wunsch in Erfüllung gehe. Mit vielleicht ominösem Beiwerk: Wenn man nur genug hofft, dann wird es sich schon einstellen ...

Im Kern ist Hoffnung keine Erwartungshaltung und sie ist mehr als ein Gefühl. Hoffnung hat erkenntnistheoretisch gesehen eine logische und nüchterne Basis. Sie ist realistisch, rational begründet und daher ontologisch gerechtfertigt. Hoffnung kann als eine *erkenntnistheoretische Grundhaltung* verstanden werden. Als unmittelbare existentielle Folge resultiert eine *Haltung der Offenheit*.

Lassen Sie uns dies etwas näher betrachten. Ontologisch gesehen bedeutet Hoffnung zunächst einmal nur dies: *Was noch nicht eingetreten ist, ist nicht ausgeschlossen.* »Sicher« ist nur, was der Fall ist (Wittgensteins Beschreibung der Wahrheit), was eingetreten ist, was da ist. Was nicht ist, ist (noch) nicht. Wenn etwas noch nicht ist, dann ist nicht sicher, ob es eintritt. Diese Einschätzung der Realität ist völlig unzweifelhaft, ist »sicher und richtig«. Zwischen Möglichkeit und Sein ist ein breiter Graben, ist noch viel möglich. Es muss nicht einmal ein Wunder sein, das noch eintreten kann, aber es kann auch ein Wunder geschehen, selbst das wird in der Hoffnung nicht ausgeschlossen. Man gibt allen Möglichkeiten, auch denen, die man nicht kennt, und sogar den unwahrscheinlichen, eine Chance. – Darum ist Hoffnung keine Selbsttäuschung und kein Abwehrmechanismus, und auch keine Illusion, weil sie auf diese Wahrheit Bezug nimmt. Das ist die *ontologische Basis* der Hoffnung. Ein eindrückliches Beispiel dazu gibt Frankl (in Längle, 2013b, S. 70–74) in der Beschreibung des Vorabends seines »sicheren Todes« im Konzentrationslager, als ihm nur die Hoffnung blieb in einer aussichtslosen Situation. Er überlebte wie durch ein Wunder.

Hoffnung als Beziehungsthema
Hoffnung ist aber mehr als nur sachlich begründete Offenheit. Hoffnung ist ein Beziehungsthema: In der Hoffnung hält man sich nicht nur offen, man hält auch fest an einer Ausrichtung auf einen Wert, will in *Verbundenheit* mit ihm bleiben: Man will die *Beziehung zu dem Wert,* um den es geht, nicht aufgeben. Man will oder kann nicht lassen von dem, was einem so viel bedeutet. Eine Hoffnung zu haben bedeutet, dass einem etwas *wichtig* ist, dass man den Wert dessen, um das es geht, schützen will. Man bleibt mit dem Wert in Beziehung und hält ihm die »Treue«, auch gegen alle Vernunft vielleicht und obwohl der Ausgang völlig offen und sogar im Ungewissen ist – man muss sogar mit dem Ungünstigen rechnen. Aber die Beziehung gibt man nicht auf. Man empfindet sich mit dem Wert untrennbar verbunden. – So schlägt sich die oder der Hoffende auf die Seite des Lebens.

Hoffnung in der Untätigkeit
Hoffnung bekommt erst dann ihr eigenes Gewicht, wenn man selbst nichts mehr zur Wendung zum Positiven beitragen kann, der Situation also ausgeliefert ist. Der Hoffende ist zur Untätigkeit verdammt. Man würde sich so gerne einsetzen, etwas tun – sei es für sich oder für andere Menschen oder zur Verbesserung der Umstände –, aber man hat keinen Zugang zur Realität und kann daher nichts bewirken. Was das Geschehen betrifft, kann man nur abwarten, muss zuschauen, was sich aus sich heraus entwickelt. Man überlässt sich dem Fluss des Geschehens, muss die Hände in den Schoß legen und sich *vertrauend* dem Schicksal überlassen. Auch Schicksal gehört zum Leben, die Akzeptanz, dass man nicht alles machen kann (selbst das, was einem wichtig ist, hat man nicht in der Hand). Darum ist Hoffnung nicht: Erwartungen haben. Erwartung wäre schon zu viel, enthält schon die Berechnung und damit wäre es absehbar, wie es ausgehen wird. Hoffnung lässt von allen Erwartungen ab, lässt

alles offen, lässt sein, ist bereits ein Sichlösen im Bewusstsein, es vielleicht abgeben zu müssen.

Auch dies ist ein Akt: lassen, sein *lassen*, es dem Sein überlassen, was geschehen wird. Und mehr noch: Hoffnung ist ein *Akt der Treue*. Denn mit dem Seinlassen geht ein Aufrechterhalten der Verbundenheit mit dem Wert einher. Und wer so mit seinen Werten verbunden bleibt, hält die Treue zu sich selbst aufrecht. Wer hofft, lässt sich nicht im Stich. Man bleibt in unverbrüchlicher Identifikation mit dem, was einem wichtig ist.

Hoffnung im großen Kontext

Wenn man hofft, hat das Sinn (Frankl, 2004; Längle, 2007). Hoffnung ist auf *Zukunft* ausgerichtet. Hoffnung lebt für ein Morgen. Hoffnung hat deshalb Sinn, weil man fühlt, dass das eigene Dasein aufgehoben ist in einem größeren Ganzen. Wenn man hofft, stellt man sich in den Horizont eines größeren Ganzen, das man zwar nicht zu fassen vermag, von dem man aber annimmt, dass es Geschicke leitet: Mag es der Zufall sein, die Konfiguration der Sterne, ein anonymes Sein oder ein Gott. Jedenfalls erlebt sich der Hoffende *aufgehoben*, weil es eine Ordnung gibt, die eine Chance gibt, die eine Möglichkeit offenlässt. Von dieser Ordnung ist man umfangen, in diesem Sein steht man. Und ohne es vielleicht zu wissen, es vielleicht nur spürend, nimmt man in der Hoffnung Bezug auf diesen Seinsgrund. Es ist wie ein spiritueller Urgrund des Seins, dem man sich anvertraut, wenn man hofft. Er vermittelt ein tiefes Gehaltensein in jedem Fall, selbst in Situationen, die für einen ungünstig sind. Denn was immer geschieht – es geschieht im Rahmen einer Ordnung, es ist »in Ordnung« (Längle, 2008). – Spätestens hier wird die Hoffnung transzendent. Auch dieses Element trägt sie in sich.

So kann Hoffnung als die geistige Kunst bezeichnet werden, angesichts des eigenen Unvermögens, etwas zu tun und nicht in Ohnmacht und Lethargie zu verfallen. Es ist ein inneres »Tun«, das sich mit dem Wert in Verbindung hält, und damit mit dem Leben, mit dem Sein, mit sich selbst und mit einem größeren Ganzen. Hoffnung als existentieller Akt ist eine von einem tiefen Lebensgefühl getragene Entscheidung. Weil sich in der Hoffnung die tiefste Verbundenheit mit dem Leben als Haltung spiegelt, trifft das folgende Sprichwort so genau zu: »Die Hoffnung stirbt zuletzt.« Das Gegenteil von Hoffnung ist die *Resignation*: das Aufgeben des Wertes, das Fahrenlassen und Verfallenlassen der Verbundenheit. In der Resignation ist die Liebe zum Leben erstorben. Man vertraut nicht mehr, wendet sich ab, ist überwältigt. Man hat keine personalen, ichhaften Ressourcen mehr, die man der Situation entgegenstellen könnte.

Hoffnung und Resilienz

Weil Hoffnung aus einer so tiefgreifenden Verbundenheit mit allen Strukturelementen der Existenz erwächst, ist sie durchtränkt von der Kraft des Lebens. Der Mensch ist in der Hoffnung aktiv und beteiligt sich am Leben. Er ist mit einem Bereich des Lebens beschäftigt, der für die Alltagsgestaltung kaum eine Rolle spielt. Wo Hoffnung angebracht ist, ist man mit einer tieferen Schicht der Existenz konfrontiert, in der das Sein-lassen-Können regiert. Solcherart umfassend mit dem Dasein beschäftigt zu sein, mobilisiert die psychischen und geistigen Kräfte. Man sieht einen Sinn und fühlt den Wert. Man befasst sich mit seiner Wirklichkeit, die es einem nicht leicht macht, und schöpft die letzten Tätigkeitsreserven aus. So ist der Mensch maximal motiviert und gestärkt, orientiert und hält sich in einem Umgang mit seiner Wirklichkeit. Es verwundert daher nicht, dass empirische Untersuchungen zeigen, dass Menschen mit Hoffnung und Sinn resilienter sind, sich besser erholen von Krankheit und Schicksalsschlägen und einen besseren Schutz aufweisen gegenüber schädigenden Einflüssen (die Wirkung von Sinnfindung auf Karzinome untersuchten zum Beispiel Breitbart und Applebaum, 2011; den Einfluss von Optimismus auf das Immunsystem untersuchten zum Beispiel Brydon et al., 2009; den negativen Einfluss von Depression auf Brustkrebs untersuchten zum Beispiel Pössel et al., 2012; die positive Auswirkung von Stressreduktion auf die Überlebensrate bei Krebs beschreibt zum Beispiel Spiegel, 2012). Könnte man Hoffnung erzeugen, wäre sie, wie gesagt, geradezu als psychosomatisches Medikament zu bezeichnen.

Problem mit der »falschen« Hoffnung

In Konflikt kommen Außenstehende bzw. Betroffene im Nachhinein dann mit der Hoffnung, wenn die Hoffnung gegen die *Wahrheit* steht, also unrealistisch ist oder die Wirklichkeit verkennt. Das ist ein Phänomen, das grundsätzlich mit dem Bezug zur Wirklichkeit verbunden ist. Jede Wahrnehmung kann einer Täuschung unterliegen, jede Theorie und Hypothese, das Vertrauen, die Liebe … Immer kann das Bild, das man sich von der Wirklichkeit macht, mehr oder weniger der Realität entsprechen und daher mehr oder weniger wahr sein und zwischen kritischem Prüfen, Wähnen und Wahn zu liegen kommen.

Für den Fall, dass Patienten einer »falschen Hoffnung« erliegen, also einer Illusion folgen und sich selbst täuschen oder einer Täuschung erliegen, soll das Prinzip gelten: Solange eine »falsche Hoffnung« nicht Aktivitäten unterbindet, die bei richtiger Einschätzung hilfreiche Schritte ermöglichten, so lange sollte eine sogenannte »falsche Hoffnung« nicht angesprochen oder gar zerstört werden. Denn Hoffnung ist Ausdruck einer persönlichen Beziehung zum Leben und stellt keinen objektiven Befund dar.

Eine falsche, unrealistische Hoffnung ist im eigentlichen Sinn keine Hoffnung mehr, wie oben beschrieben, sondern eine Erwartung oder ein Wunsch – jedenfalls eine Haltung, die nicht mehr freilässt, sondern sich an ein Ergebnis klammert. Dadurch wird die Realität ferngehalten, ja dort, wo sie die Wünsche stört, sogar ausgeklammert, geleugnet und verdrängt. Darin liegt ihr

Schaden, dass man sich nicht mehr mit der Realität auseinandersetzt – während echte Hoffnung eine Anerkennung der Realität bedeutet.

Man soll falsche Hoffnung nicht einfach ausreden. Sie ist zumeist als Abwehrmechanismus zum Schutz der Psyche zu verstehen, das heißt, dass sie gebraucht wird. Und dann würde etwas zerstört, wenn sie genommen würde. Man kann *anfragend* vorgehen: »Ja, das wäre schön, das täte ich Ihnen auch *wünschen,* dass das möglich würde …« [Einführen des Konjunktivs]. Man kann weiters *anknüpfen am »Hoffen«,* denn dies bedeutet, dass man ja nicht sicher wissen könne. »Man kann sich halt nicht sicher sein …« [Einführung von Realität, ohne wegzunehmen], »Was gibt Ihnen die Sicherheit …?« Wenn etwas mehr Zeit ist, kann man sich zur *ausgeblendeten Möglichkeit* hinwenden: »Haben Sie schon mal daran gedacht, wie das für Sie wäre, wenn es nicht so käme …?« Das bereitet vor auf das Annehmen, auf die Möglichkeitsebene, ohne Hoffnung zu nehmen. Ähnlich ist der Vorgang bei dem umgekehrten Phänomen – bei dem Umgang mit *falscher Hoffnungslosigkeit* bzw. *Resignation:* Auch hier empfiehlt es sich, mit einer Andockung an die Realität zu beginnen: »Wissen Sie sicher, dass es ausgeschlossen ist …? Woher wissen Sie das …?« Natürlich gibt es andere Möglichkeiten wie das Referieren von Narrativen, das Erklären, dass Hoffnungslosigkeit ein Schutz sein kann vor dem Schmerz einer eventuellen Enttäuschung, die nicht ausgehalten werden könnte, und man daher mit der resignativen Haltung der Enttäuschung zuvorkommen möchte und so weiter.

Dum spiro, spero
Hoffnung durchzieht als allgegenwärtiges Phänomen unser Leben und reicht in unscheinbare und kleine Handlungen hinein. Ist nicht schon das Atemholen Ausdruck von Hoffnung – einer Teilhabe am Leben und somit Ausdruck dieser Verbundenheit mit dem Lebenswert und der heilenden Kraft des Werdens,

die dem Leben innewohnt? Das Einatmen und das Ausatmen, dieser rhythmische Wechsel des Sich-in-Beziehung-Bringens, durchströmt unser Sein, das physische, psychische und geistige in einem. Darum hieß es so treffend bei den Römern: *Dum spiro, spero. – Solange ich atme, hoffe ich.*

Fazit
Hoffnung – der Gegenpol der Resignation – hält den Menschen in der Aktivität und Wertebeziehung, bindet ihn somit in Situationen, in denen man nichts mehr tun kann, an das Leben. Dadurch hat Hoffnung eine starke Potenz für Resilienz. Falsche Hoffnung ist unrealistisch und als psychische Schutzreaktion zu werten. Weil sie damit eine Funktion erfüllt, soll sie nicht einfach weggenommen, sondern behutsam hinterfragt werden.

Innerlich bei sich ankommen

Menschen in Krise, Leid und Trauer führen auch den Begleiter an Grenzen. Viele Begleiter berichten, dass sie selbst durch die Arbeit an diesen Grenzen wachsen und reifen. Für andere ist aber auch das Schwere und mitunter das Belastende mit dabei. Damit das Belastende nicht zur Erschöpfung und schließlich zum Burnout führt, ist der achtsame Umgang mit sich selbst, das Gut-Sorgen für sich und das Gut-bei-sich-Sein wichtig.

Zum Abschluss ein paar Impulse für das innerliche Ankommen – bei sich.

- Wo bin ich? – Wo bin ich so auf meinem Weg?
- Wo bin ich derzeit? – Wo bin ich gerade jetzt?
- Wo zieht es mich hin? – Wo hält es mich fest?
- Wohin drängt es mich? – Wonach sehne ich mich?
- Da, wo ich bin, ist es da ruhig? Oder ist da ein Gezerre? Vielfältig, in unterschiedliche Richtungen?
- Bin ich zerrissen? – Oder bin ich Ich?
- Bin ich ganz da, wo ich bin – oder bin ich zugleich da *und* dort? – Bin ich verwurzelt oder gerade mehr auf dem Weg?
- Bin ich mehr in der Ruhe oder gerade im Aufbruch oder am Ankommen oder mitten auf der Straße?
- Ist es leidvoll, erlebnistief in meinem Leben?
- Bin ich mit dem Herzen dabei oder mit dem Fluch, mit dem Ärger?
- Wo bin ich? – Wo bin ich jetzt?
- Wo mag ich sein?

- Ist das Mein? – Bin ich da zu Hause? – Finde ich mich darin? Gebe ich mich da rein?
- Kann da was werden? – Sehe ich, was da wird?

Das existentielle Menschenbild

Die Ganzheit des Menschen ist gekennzeichnet durch das Zusammentreffen von drei unterschiedlichen Seinsarten. Der Mensch ist leiblich, seelisch und geistig zugleich. Er lebt auf drei Weisen, die eine untrennbare Einheit in ihm bilden, aber dennoch unterschiedliche Seinsformen darstellen: Leib, Psyche und Geist.

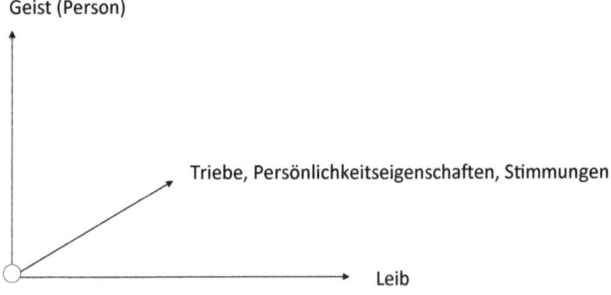

Abbildung 4: Die untrennbare Einheit von Leib, Psyche, Geist

Die drei Dimensionen am Menschen stehen in einem besonderen Verhältnis zueinander. Zum einen setzt sich der Mensch nicht aus den drei Dimensionen »zusammen«. Die Einheit Mensch entsteht vielmehr dadurch, dass sich das Geistige in ihm mit dem Psycho-Physischen »aus-ein-ander-setzt« (Frankl, 1990, S. 176). Zum anderen entwickeln die drei Dimensionen des Menschseins ihre eigenen Dynamiken, die als Motivationskräfte zum Vorschein kommen:

1. Als *physisches* Wesen strebt der Mensch nach Erhaltung und Gesundheit des Körpers, was durch die *Bedürfnisse* geregelt wird (zum Beispiel Schlafen, Essen, Trinken, Sexualität, Bewegung).
2. Als *psychisches* Wesen geht es dem Menschen um das Leben seiner vitalen Kräfte und um das Wohlbefinden in seinem eigenen Körper. Er strebt nach angenehmen Gefühlen und Spannungsfreiheit gemäß seinen Persönlichkeitsanlagen. Das Gelingen solchen Strebens wird als *Lust* erlebt, das Scheitern als Unlust, Spannung, Frustration.
3. Als *geistiges* Wesen (Person) sucht der Mensch Halt, Glaube, personale Liebe, Werte, Gerechtigkeit, Freiheit, Verantwortung, Sinn und Wert und so weiter.

Wesentlich an dieser Anthropologie ist, dass sich der Mensch wie ein »Steuermann auf dem Boot des Psychophysikums« versteht, mit welchem er untrennbar verbunden ist. Anders gesagt: Die geistige (personal-existentielle) Dimension des Menschen hat die Fähigkeit, sich mit dem Leiblich-Seelischen an ihm auseinanderzusetzen. Dies bedeutet, dass der Mensch zu einer Distanz zu sich selbst kommen kann (»Selbst-Distanzierung«, Frankl, 1990, S. 234 ff.). Das ermöglicht ihm einen Umgang *mit* sich und ein Verhalten *zu* sich selbst.

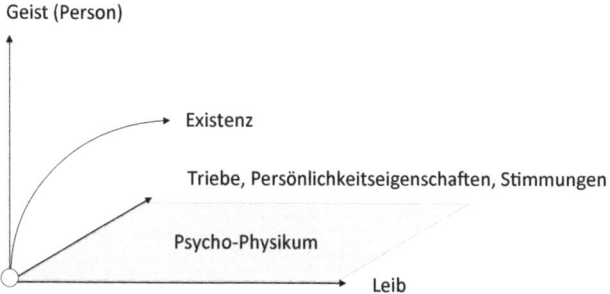

Abbildung 5: Die Dynamik des Menschen auf den unterschiedlichen anthropologischen Ebenen

Diese »innere Offenheit« des Menschen zu sich selbst ist die eine Seite dieser dritten Dimension, die das spezifisch Menschliche ausmacht. Die andere Seite ist ihre »Weltoffenheit« (Scheler). Der Mensch erkennt und erspürt die Werte in der *Welt*, den Sinn der Situation, dem er sich schließlich auch hingeben kann. Damit überschreitet der Mensch sich selbst, das heißt das Eingeschlossensein in der Innenwelt seiner Bedürfnisse, Triebe und Spannungen (Frankl spricht daher von »Selbsttranszendenz«, 1982, S. 160 f.). Er wird offen für den *dialogischen Austausch* mit der Welt (S. 18, S. 10 ff.).

Literatur

Breitbart, W., Applebaum, A. (2011). Meaning-centered group psychotherapy. In: Watson, M., Kissane, D. (Eds.), Handbook of psychotherapy in cancer care (12, pp. 137–148). West Sussex, UK: Wiley-Blackwell.

Brydon, L., Walker, C., Wawrzyniak, A. J., Chart, H., Steptoe, A. (2009). Dispositional optimism and stressinduced changes in immunity and negative mood. Brain, Behavior, and Immunity, 23 (6), 810–816.

Buber, M. (1973). Das dialogische Prinzip. Heidelberg: Schneider.

Buber, M. (1977). Ich und Du. Heidelberg: Schneider.

Camus, A. (1959). Der Mythos von Sisyphos. Ein Versuch über das Absurde. Reinbek: Rowohlt.

Ebner-Eschenbach, M. (1880/1893/2015). Aphorismen. Hofenberg. Vollständige Neuausgabe. Hrsg. von K. M. Guth. Berlin: Verlag der Contumax.

Frankl, V. E. (1950). Homo patiens. Versuch einer Pathodizee. Wien: Deuticke.

Frankl, V. E. (1959). Grundriß der Existenzanalyse. In: Frankl, V., von Gebsattel, V., Schultz, J. H. (Hrsg.), Handbuch der Neurosenlehre und Psychotherapie (Bd. III, S. 663–736). München: Urban & Schwarzenberg.

Frankl, V. E. (1963). Man's search for meaning. New York: Simon & Schuster.

Frankl, V. E. (1971). Psychotherapie für den Alltag. Freiburg: Herder.

Frankl, V. E. (1976). The will to meaning: Foundations and applications of logotherapy. New York: New American Library.

Frankl, V. E. (1982). Ärztliche Seelsorge (10. Auflage). Wien: Deuticke.

Frankl, V. E. (1983). Das Leiden am sinnlosen Leben (7. Auflage). Freiburg: Herder.

Frankl, V. E. (1990). Der leidende Mensch. Anthropologische Grundlagen der Psychotherapie. München: Piper.

Frankl, V. E. (1996). Der Wille zum Sinn (3. Auflage). München: Piper.

Frankl, V. E. (2004). Der Mensch vor der Frage nach dem Sinn. Eine Auswahl aus dem Gesamtwerk (17. Auflage). Vorwort von Konrad Lorenz. München: Piper.

Frankl, V. E. (1946/2006). … trotzdem Ja zum Leben sagen. Ein Psychologe erlebt das Konzentrationslager (26. Auflage). München: dtv.

Heidegger, M. (1975). Die Grundprobleme der Phänomenologie. GA Bd. 24. Frankfurt a. M.: Klostermann.

Illhardt, F. J. (1982). Trauer. Eine moraltheologische und anthropologische Untersuchung. Düsseldorf: Patmos.

Jaspers, K. (1974). Der philosophische Glaube. München: Piper.

Jaspers, K. (1941/1976). Über meine Philosophie. Wiederabdruck in: Was ist Philosophie? Ein Lesebuch (S. 389–414). München: Piper.

Jaspers, K. (1956). Philosophie II. Berlin: de Gruyter.

Kluge, F. (1975). Etymologisches Wörterbuch der Deutschen Sprache. Berlin: de Gruyter.

Kübler-Ross, E. (1969). Interviews mit Sterbenden. Stuttgart: Kreuz-Verlag.

Längle, A. (1992/1999). Die existentielle Motivation der Person. Existenzanalyse 16, 3, 18–29.

Längle, A. (1994). Zur Bewältigung von Angst und Schmerz bei schwerer Krankheit. Der Praktische Arzt, 48, 708, 498–505.

Längle, A. (1994/2011). Sinnglaube oder Sinn-Gespür. In: Längle, A., Erfüllte Existenz. Entwicklung, Anwendung und Konzepte der Existenzanalyse (S. 28–45). Hrsg. von D. Bürgi. Wien: Facultas.wuv.

Längle, A. (1996). Kritik, Bedeutung und Stellenwert der Selbsterfahrung in Logotherapie und Existenzanalyse. Psychotherapie Forum, 4, 194–202.

Längle, A. (1998). Lebenssinn und Psychofrust – zur existentiellen Indikation von Psychotherapie. In: Riedl, L. (Hrsg.), Sinn und Unsinn der Psychotherapie (S. 105–124). Basel: Mandala.

Längle, A. (1999). Authentisch leben – Menschsein zwischen Sachzwängen und Selbstsein oder: Wie können wir trotzdem werden, wer wir sind? – Anregungen aus der Existenzanalyse. Existenzanalyse, 16, 1, 26–34. (Wiederabdruck in: Längle, A., Erfüllte Existenz. Entwicklung, Anwendung und Konzepte der Existenzanalyse. Hrsg. von D. Bürgi. Wien: Facultas. wuv, 2011, S. 203–222)

Längle, A. (Hrsg.) (2000a). Praxis der Personalen Existenzanalyse. Wien: Facultas.

Längle, A. (2000b). Sinnspuren – dem Leben antworten. St. Pölten: Residenz.

Längle, A. (2002). Wenn der Sinn zur Frage wird. Wien: Picus.

Längle, A. (Hrsg.) (2003). Emotion und Existenz. Wien: Facultas.

Längle, A. (2007). Sinnvoll Leben – eine praktische Anleitung der Logotherapie. Überarbeitung und Neugestaltung als Werkbuch von D. Bürgi. St. Pölten/Salzburg: Residenz.

Längle, A. (2008). Existenzanalyse. In: Längle, A., Holzhey-Kunz, A., Existenzanalyse – Daseinsanalyse. Wien: Facultas-WUV.

Längle, A. (2013a). Viktor Frankl. Eine Begegnung. Wien: Facultas.wuv.

Längle, A. (2013b). Lehrbuch zur Existenzanalyse – Grundlagen. Wien: Facultas. wuv.

Längle, A., Bürgi, D. (2014). Existentielles Coaching – Theoretische Orientierung, Grundlagen und Praxis für Coaching, Organisationsberatung und Supervision. Wien: Facultas.wuv.
Levinas, E. (1978). De l'existance à l'existant. Paris: Gallimard.
Lleras, F. (2012). Existenzphilosophie. In: Längle, A. (Hrsg.), Lexikon der Existenzanalyse und Logotherapie. Wien: GLE.
Pössel, P., Adams, E., Valentine, J. C. (2012). Depression as a risk factor for breast cancer: investigating methodological limitations in the literature. Cancer Causes Control, 23 (8), 1223–1229.
Rogers, C. (1981). Der neue Mensch. Stuttgart: Klett-Cotta.
Scheler, M. (2008). Gesammelte Werke, Band 3. Bonn: Bouvier.
Spiegel, D. (2012). Mind matters in cancer survival. Psychooncology, 21 (6), 588–593.
Sprenger, W. (1998). Gedichte zum Auswendigleben (9. Auflage). Konstanz: Nie-nie-sagen-Verlag.

Literatur für die Beratungspraxis

Längle, A. (2013). Lehrbuch zur Existenzanalyse – Grundlagen. Wien: Facultas.wuv.

Längle, A. (2011). Erfüllte Existenz – Entwicklung, Anwendung und Konzepte der Existenzanalyse. Texte für Psychotherapie, Beratung und Coaching. Hrsg. von D. Bürgi. Wien: Facultas.wuv.

Längle, A. (2007). Sinnvoll Leben – eine praktische Anleitung der Logotherapie. Überarbeitung und Neugestaltung als Werkbuch von D. Bürgi. St. Pölten/Salzburg: Residenz.

Längle, A. (2002). Wenn der Sinn zur Frage wird. Wien: Picus.

Längle, A. (2000). Sinnspuren – dem Leben antworten. St. Pölten: Residenz.

Längle, A., Bürgi, D. (2014). Existentielles Coaching – Theoretische Orientierung, Grundlagen und Praxis für Coaching, Organisationsberatung und Supervision. Wien: Facultas.wuv.

Edition Leidfaden

Heidi Müller / Hildegard Willmann
Trauer: Forschung und Praxis verbinden
Zusammenhänge verstehen und nutzen
Mit einem Vorwort von Henk Schut.
2016. 116 Seiten, mit 4 Abb. und 3 Tab., kartoniert
ISBN 978-3-525-40260-3

Wollen Trauerbegleiter Hinterbliebenen gerecht werden, müssen sie über aktuelle Kenntnisse der Trauerforschung verfügen und diese in ihr Handeln integrieren.

Sylvia Brathuhn / Thorsten Adelt
Vom Wachsen und Werden im Prozess der Trauer
Neue Ansätze in der Trauerbegleitung
2015. 127 Seiten, mit 2 Tabellen, kart.
ISBN 978-3-525-40257-3

Das Fokussieren auf die einzelnen Werdeschritte als natürliche Entwicklungsphasen im Trauerprozess vermittelt neue Verstehens- und Handlungsansätze.

Petra Rechenberg-Winter
Leid kreativ wandeln
Biografisches Schreiben in Krisenzeiten
2015. 147 Seiten, mit 5 Abb. und Download-Material, kartoniert
ISBN 978-3-525-40258-0

Biografisches Schreiben ermöglicht, existenziellen Eindrücken und schmerzhaften Erfahrungen eine Sprache zu geben und sich heilsam mit Erlittenem auseinanderzusetzen. Das Arbeitsbuch bietet praxiserprobte Schreibinterventionen.

Isabella Hemmann
Das Alphabet der Trauer
Mit Texten zum tieferen Verständnis von Verlusten
2015. 107 Seiten, kartoniert
ISBN 978-3-525-40248-1

Das Lese- und Vorlesebuch bietet im Unverständnis der Trauer Orientierung und rückt das Verstehen in den Mittelpunkt. Der vielseitige Textfundus kann in der praktischen Trauerbegleitung kreativ genutzt werden.

Verlagsgruppe Vandenhoeck & Ruprecht | V&R **unipress**

www.v-r.de

Edition Leidfaden

Norbert Mucksch
Trauernde hören, wertschätzen, verstehen
Die personzentrierte Haltung in der Begleitung
Mit einem Vorwort von Michael Schlechtriemen.
2015. 127 Seiten, mit 2 Abb., kart.
ISBN 978-3-525-40255-9

Das Menschenbild und die therapeutische Haltung und Methodik der personzentrierten Psychotherapie kommt auch Menschen in Trauer zu gute. Trauerbegleiter sind gut beraten, sich dieses Knowhow zu eigen zu machen.

Traugott Roser
Sexualität in Zeiten der Trauer
Wenn die Sehnsucht bleibt
2014. 139 Seiten, mit 2 Abb., kart.
ISBN 978-3-525-40233-7

Eduard Zwierlein
Denken kann trösten
Trauer verständnisvoll begleiten
2014. 132 Seiten, mit 2 farb. Abb., kart. ISBN 978-3-525-40235-1

Marion Schenk
Suizid, Suizidalität und Trauer
Gewaltsamer Tod und Nachsterbewunsch in der Begleitung
2014. 132 Seiten, mit 10 Abb., kartoniert
ISBN 978-3-525-40238-2

Willy Peter Müller
Trauer in Träumen
Traumbilder können helfen und heilen
2014. 126 Seiten, kartoniert
ISBN 978-3-525-40236-8

Matthias Schnegg
Erwärmen in der Trauer
Psychodramatische Methoden in der Begleitung
2014. 137 Seiten, mit 17 Abb., kartoniert
ISBN 978-3-525-40232-0

Monika Müller
Trauergruppen leiten
Betroffenen Halt und Struktur geben
2014. 124 Seiten, kartoniert
ISBN 978-3-525-40237-5

Verlagsgruppe Vandenhoeck & Ruprecht | V&R unipress

www.v-r.de